情意學習
想像未來教育

主編　程介明　陳嘉琪　張慧明

商務印書館

責任編輯　鄒淑樺
裝幀設計　麥梓淇
排　　版　高向明
印　　務　龍寶祺

情意學習 —— 想像未來教育

主　　編　程介明　陳嘉琪　張慧明
出　　版　商務印書館（香港）有限公司
　　　　　香港筲箕灣耀興道 3 號東滙廣場 8 樓
　　　　　http://www.commercialpress.com.hk
發　　行　香港聯合書刊物流有限公司
　　　　　香港新界荃灣德士古道 220-248 號荃灣工業中心 16 樓
印　　刷　美雅印刷製本有限公司
　　　　　九龍觀塘榮業街 6 號海濱工業大廈 4 樓 A
版　　次　2022 年 7 月第 1 版第 1 次印刷
　　　　　© 2022 商務印書館（香港）有限公司
　　　　　ISBN 978 962 07 0616 5
　　　　　Printed in Hong Kong

目錄

主題 1：情意學習及照顧學生多樣性

本主題將討論現時的情意教育實踐，照顧學生的多元文化背景、學習能力、興趣、動機和理想，以及他們在新常態下的轉變。

主題 2：校長與教師專業協作和領導、家校合作

本主題將討論學校整體發展、專業協作、共同創建、分散式領導和家校合作這幾方面，在不同的社會、經濟、人口及宗教背景下，如何有助於改變新常態下的情意教育，以及如何適應新政策方向的出現。

主題 3：社會各界的參與

本主題將討論非政府組織在情意教育方面與學校和家長之間
的合作，並探索其影響力及新常態下所面臨的挑戰及所需的
相互支援。

序 一

這是一個社會大變動的時刻。其變動之大，不亞於從農業社會變到工業社會。變動的結果，是從大規模生產，走向零碎的個人化物品；從大企業走向小型的微型的工作單位。人們也逐漸擺脫對單位的依托，變得自由，但也變得孤單。農業社會走向工業社會，人們從土地的束縛釋放了出來，但是陷進了工作機構；現在又進一步被釋放了。這看來是不可逆的一個過程。

如此，將需要個人更強壯，更懂得自己的處境，更懂得自己與周圍的人的關係。對己、對人，都再沒有單位的嚴格規章制度可循，這就需要個人對自己的情緒、情感、態度、操守、道德、等等，能夠認識並且掌握。這是統稱為情意學習的時代意義。

然而，科技的發展，又把社會再推前一步。大數據的存在，使得元宇宙變得可能。在去中心化之後的未來社會，人們的共存與共享，將更進一步依賴每個人對己對人的境界。因此，情意學習也是迎接未來的必須。

廣義的情意學習，也可以說是中國「德育」的現代版。中國的教育概念，德智體群美，從來不限於「智」，

而以「德」為先。只不過，「德」是個人修養與社會責任的融合。這也許是情意學習的前瞻方向。

　　疫情不幸，香港的教師、校長、學校，在缺少實體交往的艱難情況下，卻奇蹟地創出了情意學習的蓬勃面貌。這本書，就是希望從少數的冰山之角，看到香港的師生，在疫情之下，如何向未來踏出了令人驚羨的一步。

程介明

2022 年初夏

序 二

本書的編集源於 2021 年中國教育三十人論壇與香港大學教育學院聯合主辦的第四屆世界教育前沿論壇。論壇會議中香港以「情意教育」為主題，有見於無論在線上、線下學習的「新常態」中，認知 (學習) 與情感 (情緒、態度、價值觀)，都是互相影響帶動；而疫情中，尤以後者更為重要，是培養未來學習者的關鍵。我們邀請學校、大學、家長、政府與非政府機構專業人士分享成功的經驗，無論在應對不同學生的需要、學校和課程領導、政府和非政府團體的各種支援，內地和香港的專家和老師都認為值得借鑑。我們以學生為中心、靈活創新、無私堅毅、克服挑戰，中、西理論和實踐並重，如正向教育的品格強項與仁、義、禮、智、信互相呼應。

2022 年初，我們編者三人因應學界意見，再在香港大學教育學院主持「情意學習」國際會議，並增加專家講者和機構，正好迎合當時學校在反覆嚴峻疫情中的需要。其後，商務印書館李家駒博士認為這是難得的主題，不如結集出書以誌所得。我們隨而得到出席講者的

熱烈支持，加入作者行列，使本書內容涵蓋更豐富的前
綫工作體驗。

　　疫情有時而終，而書中寶貴「驚艷」，則日後可舉一
反三，持續發展，充分發揮我們教育界同心同德的無比
專業力量，說好香港的故事。

陳嘉琪

2022 年夏

序三

　　不少國際大型研究均指出香港學校是一個高效能的學習系統，自 2019 年疫情來襲，學校和師生經歷前所未有的停、停、停——暫停面授，暫停校園生活，同時也彷彿暫停了師生和生生的交往，無論是教學法、學習時間表、功課政策、學習環境、教學資源、評估等都受到很大的衝擊。學校是否遇上最壞的時代呢？

　　學生的情意學習所經歷的接受、反應、評價、重組、形成品格等五大階層主要在校園體現，如今也備受考驗，學生個人如何接受停、停、停的壓力和情緒呢？從這本書每一章的分享，我們喜見大家以連、連、連衝破障礙——連線、心連心、情意連城。不少學校以「連線」把科技連接學習，我們不難發現校長、學校領導層和前線教師發揮團隊精神，緊密地連繫了家長，家校共同努力，不但讓學習連綿不絕，更重要是與學生「心連心」，以情意學習，照顧學生的多元文化背景、學習能力、興趣、動機和理想，而且社區和各團體為學生締造關懷和服務社群的機會，真是「情意連城」。社會各界和學校攜手面對疫情的危機，轉化為最好的能量，使整個城市充

滿不息的愛，想像未來的教育，學生以天地為課室，他們不僅探索未知，還能擁抱未來。

張慧明

2022 年夏

情意學習及照顧學生多樣性

本主題將討論現時的情意教育實踐，
照顧學生的多元文化背景、學習能力、興趣、動機和理想，
以及他們在新常態下的轉變。

大數據分析情意發展與學習的關係：情意帶動智能發展促進高效能學習

明愛粉嶺陳震夏中學
何應翰校長

　　本校為香港明愛於 1988 年創辦的一所天主教中學，我們深願學生能在天主的愛中茁壯成長，每個學生均具備勤學、尊重、誠信、珍惜、堅毅、關愛的震夏人素質，建立正面的價值觀，樂於學習，愉快成長！

DSE 祝福禮

　　新冠疫情始於 2020 年 2 月，一晃眼已三年了，由2019-2020 學年的下學期開始，面授課堂多次暫停，期間學生未能回到校園一起學習，失去了彼此相顧、互勉成長的校園生活。由於中港兩地仍未正常通關，縱使斷續的恢復

幾次面授課，但居於內地的跨境學生仍只能繼續網課學習，回到校園的學生也只能上半天的實體課。過去課後豐富精彩的校園生活消失了！在斷續的校園生活下，師生大部分時間只靠網上隔空傳意，大家的距離彷彿拉遠了，學生在學習及成長上的挑戰也確實不少！

當學生遇上挑戰、面對困難及經歷考驗時，動力和決心可能難以維持，為免失敗，他們或許會放棄某些學習的機會；部分學生或未明確掌握自己的人生目標和個人興趣，欠缺學習動力。因此，本校致力推動情意教育，透過在校園內實踐心靈教育，讓「靜默」融入學習及活動，提升心靈素質，培養學生對生命的尊重，讓學生身心靈茁壯成長。

人體右腦的功能是情意發展，左腦的功能是智能發展。我們用了宇宙中最強的左、右腦來比喻情意教育促進智能發展，看似有點誇張，但試想，當學生具備正面的價值觀及明確的人生目標，心懷服務社羣的抱負時，所需要學習的知識又怎會難到他呢？

善用數據分析 促進高效學習

為促進高效能學習，並分析情意教育和學習的關係，2021-2024 年度本校三年發展計劃其中一個主要關注事項為「透過運用人工智能（AI）及大數據（BA）的科技知識，提升學習效能，建設智慧校園。」，強調運用評估數據促進學生學習。

學校引入商界經常運用的數據軟體分析工具「商業智

慧（Power BI）」。Power BI 是軟體服務、應用程式和連接器的集合，能把不相關的資料來源轉換成相關的、視覺化的互動式深入剖析，讓業界輕鬆地連線到資料來源，以視覺化方式檢視及探索重要資料，以及與任何人共用資訊。通過運用 Power BI，學校把學生的恆常評估數據，包括出席率、學科成績（學習表現指標）、功課成績、評估成績、考試成績等，轉化成 Power BI 直方圖（Histogram）、雷達圖（Radar chart）、折線圖（Line Chart）及框線圖（Box-and-Whisker Diagram）等數據圖表，令學習數據得以有系統地儲存、展示及視覺化。老師可以實時查看這些數據，並善用這些量化資料，比較及分析學生的學習表現：

1. 各班的平均成績差距
2. 個別學生各科的能力
3. 各科近幾年的成績趨勢
4. 每班學生的成績差異

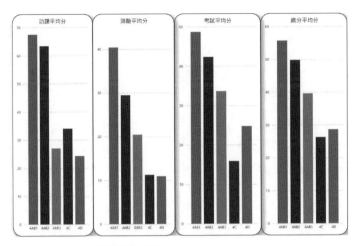

中四級中文科平均成績差距棒形圖（2020-2021）

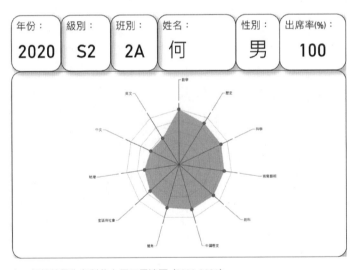

中二級某某學生各科能力展示雷達圖（2020-2021）

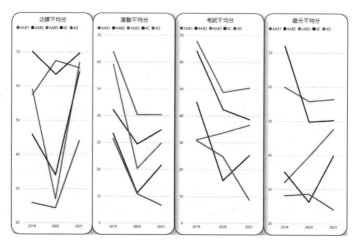

中四級中文科成績趨勢折線圖（2019-2021）

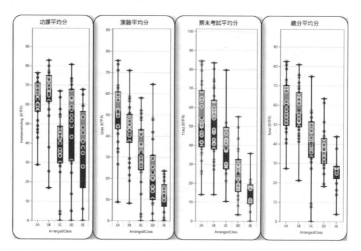

中三級中文科成績差異框線圖（2019-21）

　　善用數據，有助教師了解各班的學生在不同科目中的表現，掌握學生的學習情況，在教學上作出適當調整，從而提升教與學效能。

另一方面，學校透過分析年度「學生情意及社交表現數據」(APASO) 學生問卷中有關「情意」的題目與各級年度平均分的關係，運用線性回歸 (Linear regression) 找出各級學生在 APASO 問卷中的平均分 (independent variable) 和整個學年學生的總平均分 (dependent variable) 之間的關係。結果統計學上證明 APASO 問卷中有關「情意」題目的平均分 (independent variable) 和整個學年學生的總平均分 (dependent variable) 之間存在顯着的線性關係，可以預期學生的「情意」越高，成績亦會越高。

是的，「情意帶動智能發展，有效促進學生學習」。

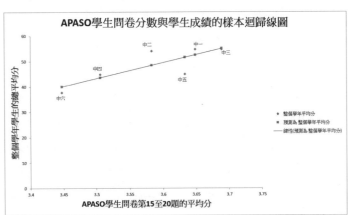

APASO學生問卷分數與學生成績的樣本迴歸線圖

情意教育如何帶動學習？

情意教育能提高學生的自我意識，促進自我了解和提升抗逆能力，並勇於接受挑戰，對提高學生的自主學習能力至為重要。青少年的情意發展可分為五個階段：

1. 認識及了解自我

2. 控制及管理情緒

3. 建立人際關係

4. 定立人生目標（生涯規劃）

5. 服務社羣（不同階層的需要）

以下為本校情意教育學習的一個示例：

本校注重全人教育，除重視學習外，更透過推動心靈教育，培育學生身心靈健康，以配合學生的成長需要。我們一直鼓勵學生參與服務社區的活動，多年前成立長者學苑，實踐長幼共融。

學生在活動中，認識到社區中長者的困境：許多長者行動不便，但由於院舍或家居活動空間有限，難以維持充足的運動量，身體狀況日漸變差；另一方面，由於跨代溝通常存隔膜，令長者往往缺乏社交和溝通。

學生通過情意教育的引導，引發共情，進而產出動力和訂立目標，為幫助長者想方設法。最後，為了配合長者的不同需要，學生合力進行產品研發，製作讓長者自創自建的訓練工具（訓練記憶力或體適能），用以促進長者之間的交流和聯繫，提升她們的社交能力，從而降低孤獨感。他們設計及製作了一系列的創科護老產品：

1. 創作 Micro:bit 程式，配合簡易的環保材料，設計出一芯多用的訓練工具，加強數據記錄系統的追踪性和效能度，優化長者的生活技能訓練模式，從而減低長者患上阿爾茨海默病的可能。

2.　長青共同設計和創建肢體訓練工具，加強長者信心和童心，體察同輩的需要，促進長者之間的交流和聯繫，發揮社交能力和創新精神，貢獻社區。

3.　運用 3D 打印技術，呈現長者設計的訓練工具，有效修補長青的數碼隔膜，達到「我為人人，人人為我」的活力社區。

震夏人創科護老產品開發

產品設計以創科護老及綠色教育為核心，輔以培育人文素養及視藝美學元素的 STEAM 教育計劃，推動震夏人STEAM 產品開發員計劃，培養樂齡科技領域的人才。

本校與香港大學合作推行 STEM 教育活動，並協作進行 STEM 公開課，主題為應用「Micro:bit 研發加強長者活動能力的電動遊戲機 — 產品改進篇」。大學的課程專家與本校老師進行共同備課、設計教案、選定中三級作為授課班別，當天參加觀課的包括香港大學的課程專家、教育局代表及友校老師，在評課會議中，反映出本校師生不論在講解、測試產品，討論及反思方面，均有出色的表現，大獲

好評和讚賞。我們所設計的產品，更榮獲香港大學頒發的「STEM 自主企業家 卓越獎 (中學組)」和北區青年活動委員會之「2018 年優秀社區服務獎」，而其中三款產品，更獲香港工業總會支援指導學生優化設計及量產，產品於九龍倉「學校起動計劃 — 趁墟做老闆」展銷會中推出。

學校主辦、AISIA 人工智能社會智慧聯盟(民政事務署伙 伴倡自強之社會企業項目) 及明愛專上學院協辦的「全港 青年 STEAM 比賽頒獎禮暨展覽

　　上述研發創科護老產品的事例顯示，當學生具備正面的價值觀及明確的人生目標，有服務社羣的抱負時，學習再也不是難事！所以我們深信「情意帶動智能發展，有效促進學生學習」！當學生具備正面的價值態度，再配合有效的照顧學習差異策略，能促進強、中、弱學生的相互帶動，提升整體成績。

　　隨着品德情意的提升，近年學生的學業表現持續進步，達至己身定立的升學目標，成功升讀本地及海外的大學，修讀不同專業範疇的學系、包括醫護、數理、創新科技、語文、社會科學、商學及體藝等，向人生目標邁進！學校升學及就業輔導組與就讀於本地大學及畢業後身處

不同專業界別的校友一直保持緊密聯繫，成立「震夏人才庫」，讓校友有機會回饋母校，扶持學弟妹，在課餘時擔任學校小組溫習導師、生涯規劃輔導員、大學選科輔導及多元發展活動導師等，支援學校發展和陪伴學弟妹成長。這份關愛傳承的精神，成為了學生持續進步的動力！

近年新冠疫情持續影響，學校面授課課時大幅減少，我們確信『情意帶動智能發展，有效促進學生學習』，能幫助學生面對成長和學習中的種種挑戰。相關研究結果[1]亦發現：

1.　按現時理解，學生能否成功很大程度上取決於其情意心態。

2.　資優三環概念中，創造力和工作熱忱在決定資優學生能否成功方面，跟智力（用智商來衡量）同樣重要。

願我們的校園時刻充滿上主的恩典、歡樂、欣賞、朝氣、夢想和愛……學生健康成長，愉快學習。

1　參考文章：我們如何學習 — 淺談近代教育心理學研究結果，作者：資優教育學苑前院長吳大琪教授）

從體驗中學習，以成功創造成功：翻轉未來的全方位學習

愛秩序灣官立小學
崔家祥校長

一、找出學校發展的方向 —— 發掘學生的需要

　　愛秩序灣官立小學（簡稱「愛官」）是一所位於香港東區的官立小學，秉持有教無類的理念，服務基層。校內部分家長對學生的支援不足，而且有不少有特殊學習需要的學生需要照顧。筆者於 2016 年 9 月接任「愛官」校長一職，透過文件、訪談及觀察初探學生在學習和成長上的需要。蒐集「持份者問卷調查」、「情意及社交表現評估套件」APASO 量表和「學校表現評量」（KPM）的數據後，發現學生對「整體滿足感」及「機會」等副量表的平均數都低於香港常模，「成就感」及「經歷」則與香港常模相約，「負面情緒」卻比香港常模高。與不同行政組、科組負責老師及家教會代表傾談後，發現大家對學生的期望不大。於是，本人每天到課室與五、六年級學生一起用膳，與他們傾談，發現他們對生活的體驗匱乏、對學習的信心不足。艾瑞克森（Erikson）的心理社會發展論指出，要養成學生積極好學，需要培養他們面對課業、與他人互動的各種能力，讓

他們順利完成課業或生活中的各項任務，並能在學習中獲得成就與能力感，從這些「成功經驗」裏，學生會對自己產生信心，願意持續努力。即使日後遭遇到困難，也會依靠自己的能力，去面對困境、解決問題。哈佛大學甘迺迪學院的經濟學者隆納・弗格森（Ronald Ferguson）和記者塔莎・羅伯森（Tatsha Robertson）採訪超過 200 位成功者和他們的父母，發現高成就者都有一個共通點：能夠將自身潛能發揮到極致，在學習中持續鍛鍊，並隨着時間成長。與各持分者協商後，「愛官」深信每位學生都有自己的潛能，若能加以啟發，定必有所成就。「從體驗中學習，以成功創造成功」便成為了我們的辦學理念。

二、「從體驗中學習」—— 多元智能理論的實踐

「愛官」以多元智能理論為核心，發展語文、數理邏輯、空間、肢體動覺、音樂、人際、內省、自然八大範疇，每一個學生都擁有某些方面的智能特別突出；而當學生未能在其他方面追上進度時，引導學生運用其強項學習，以強帶弱。學校相信不同的學生應有不同的智能組合去發展全人教育。多元智能理論既可以發掘資優學生，並進而為他們提供合適的發展機會，苗壯成長；亦可以扶助有特殊教育需要的學生，並採取對他們更合適的方法，利於照顧個別差異。「愛官」將各學科科主任增至三位，騰出更多人手去統籌與學科有關連的體驗活動，與不同的專家合作，藉此推動各科的科務發展，讓教師先跑出課室；其後，增

設各類課外活動，老師根據自己的專長發展課外活動，增聘專業導師，讓活動小組及參與人數倍增，由過往十多組增至現今超過一百組，參與學生由約 50% 增至約 85%。

三、「小學校，大社區」── 與社會資源結合，創造多元化的主題活動

從社會系統觀點而言，學校是一個典型的「開放的社會系統」，受外部環境的影響，且與外部環境相互依賴。雖然在日常運作中，學校並不開放，但難以避免地在不同範圍內與社區產生連結，就如實地考察、轉介社區資源、參與社區服務等等。國家的小學《道德與法治》教材：依據與兒童生活的緊密程度，按照自我—家庭—學校—社區（家鄉）—國家—世界的順序，由近及遠地設計了我的健康成長、我的家庭生活、我們的學校生活、我們的社區與公共生活、我們的國家生活、我們共同的世界等六大領域。由此可見，學校與社區建立連結的夥伴關係已是現今社會所趨，學校亦常常邀請家長參與校務運作，也與社區合作協辦不同的活動。美國提出「學校為社區中心：規劃與設計的指南」（School as Center of Community：A Citizens' Choice Guide for Planning and Design），提出六項簡單明確的準則，營建適應二十一世紀需要的學習環境：

· 強化教學並迎合學習者的需要
· 成為社區的中心

- 讓所有教育有關人員參與規劃設計的過程
- 提供健康與安全
- 有效使用所有可得的資源
- 對於變動中的需要賦予彈性與幫助適應

　　筆者認為深入瞭解社區，積極參與社區工作，善用社區資源，是開拓學習空間的好方法，於是積極與大學、中學和其他小學合作，共同推動多元化的學習體驗活動，又與區內多間志願機構合作，以學校為中心點，發展具社區特色的學習活動，並透過服務學習，回饋社區，實踐「小學校，大社區」的辦學理念，創造多元化的主題活動，如下：

　　1. 長幼共融 —— 愛秩序灣官立小學香港婦女基金會耆康中心長者學苑：

　　學校與多個地區志願團體合作，透過「體驗‧服務‧互動」三個維度，為學生舉辦多項與長者有關的活動，例如「跨越時空、嚐老體驗」活動讓學生穿著老化體驗教材「嚐老體驗」；四年級學生進行級本服務學習，到附近屋邨探訪獨居長者；學校又舉辦「老幼同樂賀新歲」團年飯活動，接待區內二百多位長者到校享用盆菜，由約 80 位家長及學生義工一起服務長者；學校舉辦「教德樂課後支援學習服務」，由長者擔任義工導師指導學生。2020 年更與志願團體合辦長者學苑，進一步推動跨代共融。

2. 與青年人同行 ——「東區青年音樂祭」：

學校致力推動英文民歌保育，2019 年舉行民歌匯演 ——「東區民歌繫愛官」，讓學生、家長及嘉賓為其他家長、區內長者及友校同學帶來悅耳的英文民歌。其後，學校更與社區中心合辦為期兩天的「東區青年音樂祭」，透過音樂、舞蹈、藝術，讓同學們更認識自己的社區，發放正能量。首天音樂祭以英文民歌為主題，表演隊伍組分享多首悅耳動聽的民歌；翌日音樂祭移師到東區文化廣場，多隊青年樂隊及舞蹈團傾力演出，表達青年心聲。喜愛藝術的青年以「海濱」為主題，構思並設置了多個視覺藝術互動區，發揮無限創意，為海濱繪製新景象，鼓勵大家進一步認識社區。

東區青年音樂祭

3. 推動單車運動 —— 單車同樂日暨學生單車繞圈賽：

愛官近年致力推廣單車運動，自 2017 年起舉辦不少單車交流活動及比賽，聯同六間友校合辦「2019-2020 年度單車同樂日暨小學生單車繞圈賽」的大型單車活動，並得到社

會企業及專業機構全力支持。活動包括騎單車的基本技術指導、道路安全練訓、新興創意運動及運動強度的關注；比賽則有團體性質的「繞圈賽」及個人計時的「齊出發」。至今，超過 30 間學校，約 700 位學生參與。

4.MAKER AND STEM —— 愛官科創盃「明日家居」創新科技挑戰賽：

學校大力推動 STEM 及「創客」（Makers）教育，舉辦了聯校比賽。二十多間友校共二十六隊學生參賽，以「家居安老」及「節能減廢」為主題，以 BBC micro: bit 為基礎，製成原型（Prototype），打造和展示他們心目中的未來生活家居，讓學生將編程學習、探究精神及創客教育等技能綜合運用出來，為長者及環保生活解決生活上的難題。大會又提供教師及學生培訓，專業機構向參賽學校介紹設計思維（Design Thinking）、編程教育（Coding Education）及創客教育（Maker Education）的新趨勢，並讓師生們體驗動手做（Learning by Doing）的優點。所有參賽作品亦在中環 H6

CONET 作公開展覽。

5. 推動親職教育 —— DADSNETWORK @ 愛官：

與志願機機構合作舉辦親子工作坊，包括：東金堡學校之旅、親子攝影班等，筆者更主持「爸爸心曲」，與家長分享子女成長的需要，又舉辦多個網上講座，如：「管教雙贏術」之「家長如何做對選校決擇」親子講座、「管教雙贏術」之「提升親子正能量」親子講座等等，鼓勵父母建立親密的親子互動關係，幫助父母了解孩子在成長路上的需要，特別讓父親更有信心和主動地投入父親的角色，為孩子以至家庭帶來正面的影響。

6. 深度認識社區 —— 體驗式學習周：

學校每年都會舉行為期五天的「體驗式學習周」，讓學生「由做中學」，從直接體驗與實作中學習、觀察、反省、總結及領會，發展共通能力。學校以「親親社區」為主題，設計配合學生程度的學習活動內容，包括專家講座、戶外參觀、街頭訪問、中國民間藝術製作、編程體驗、創意小發明、集體壁畫創作等，學生透過探索、體驗活動，感受學習的樂趣，跳出課本的框架，擴闊學習的層面，深入認識社區，從而建立關心社區的態度。

學校以「親親社區」為主題，設計配合學生程度的學習活動

7. 推動社區環保 —— 十區十校聯網《晴天好氣候月刊》：

愛官聯同環保團體，聯繫來自不同區域的九間學校，推行環保教育計劃，把行動環保知識及心靈環保意識，應用到學科學習以至日常生活中，一方面讓學生主導學習過程，一方面深化學生的環保知識，從而促進參與學校及相關社區的環保意識及友好鄰里關係之發展，藉以鼓勵參與計劃的學生、教師、家長及鄰里，共同營造一個環保及正面積極的社區氛圍。

8. 關注氣候變化 —— 從活動中觀察，關心世界，實踐綠色校園：

「氣候變化」是重要的世界議題。學校打造節能減碳的智能校園，設立多項環保教育設施，包括：賞樹徑、自然教育中心等，培養學生節能減碳的生活態度；又與環保團體舉辦一系列活動，讓學生認識綠色生活的重要性，以及了解氣候變化對物種的影響；老師帶領學生到世界各地考察，如到加拿大的哥倫比亞冰原進行考察，近距離了解「氣候變化」對人類及生態的影響，到新加坡考察濕地、環保回

收中心、水資源中心等，到廣州考察濕地，到河源考察水資源，七十多位家長及學生到台灣考察廢物處理及循環再用設施等，讓每個家庭建立節能減碳的綠色生活。

到加拿大的哥倫比亞冰原進行考察

9. 唱民歌學英文 —— 提倡民歌保育，提升學習英語興趣：

自 2017 年起，愛官致力發展英文民歌計劃，由早初十人不到的民歌小組，到現在演變成不同的民歌隊伍，甚至曾應邀擔任多個音樂活動表演嘉賓，藉以向外界展示英文民歌的價值。學校更製作了多首民歌短片，公開予全校同學觀看，民歌曲式有繁有簡，歌詞內容有深有淺，依年級高低靈活安排。另外，學校錄製影片介紹民歌的創作背景，老師亦會編製網上教材，讓學生從中學習英文文法。

10. 常識科趣味化 —— 「玩轉常識 FUN FUN FUN」：

學校與社企合作，在每級常識科選取一個具特色的單元，配以體驗活動深化學生所學，並設計多套有趣的校本桌遊去提升學生學習興趣，並帶領他們進行學習延伸及反

思，攜手合作「玩轉常識 FUN FUN FUN」，讓常識科課程更生活化及富趣味，培養學生熱愛社區和放眼世界的胸襟。啟動禮更邀請到行政會議非官守議員召集人陳智思先生出席，與學生即場試玩「那些年爺爺嫲嫲返過的工」卡牌及參觀不同的學習套件，體驗學生如何在課堂玩得輕鬆，學得認真，也能深化知識、擴闊思考，培育出正確的價值觀，為常識科課程帶來不一樣的色彩。

玩轉常識 FUN
FUN FUN

11. 與國內師生交流 —— 四地七校姊妹學校結盟：

自 2006 年，愛官分別與六間國內小學，包括：深圳翠

北實驗小學、廣州市花都區七星小學、河源市公園東小學、北京市朝陽區黃冑藝術實驗小學、北京教育學院附屬海淀實驗小學及南寧市逸夫小學締結為姊妹學校，開展四地之間的情誼，學校會帶領師生到訪姊妹學校，與當地學生一起上課，一起玩耍，親身體驗國內的學習生活，展開探索中華文化的旅程。

　　為擴闊老師的教育視野，「愛官」透過專家與教師的緊密合作，從社區尋找伙伴，凝聚更大力量，探討有效的教學法、課堂實踐及體驗活動，以提升教學成效。專家來自多個界別，務求做到「若乃人盡其才，悉用其力，以少勝眾者」，當中包括：教育局、大學、青年服務中心、社福機構、環保組織、長者中心、藝術家、前香港運動代表、專業音樂人、科創機構、專業導師，合作的中學及小學伙伴超過100 間，來自各區，涵蓋官立、津貼、直資等性質。

四、成就與反思

　　為評估活動成效，「愛官」各科組都會有大大小小的活動檢討。例如體育科曾追蹤 84 位學生參與運動後的學業變化，有以下發現：評定為「有進步」評級有 41 人，佔整體人數的 48.81％，其中「級名次平均值」有顯著上升有 11人，佔整體人數的 13.01％；「維持」評級有 4 人，佔整體人數的 4.76％；「繼續努力」評級有 39 人，佔整體人數的46.43％，其中「級名次平均值」顯著下降有 9 人，佔整體人數的 10.71％。經過隨機的訪談，大部分學生認為運動令他

們體質有所改善，對自己有更高的要求，對學習有正面的影響。從問卷調查結果中發現學生在「成就感」及「經歷」的平均數顯著高於香港常模；小三、小四及小六的「整體滿足感」、「機會」高於香港常模；「負面情緒」比香港常模低。學校亦進行了校本的家長問卷調查，查詢學生在日常生活的表現及對學習的興趣等等。綜合所得，大部分學生都得到比以前更多的滿足感，並願意發展自己的的才能，持續學習。總括而言，「從體驗中學習，以成功創造成功。」不但令學生透過多元化的學習體驗，把所學所想應用到學習和生活的各個層面，學習動機得以提升；更讓學生從體驗中發掘到自己的潛能，找到屬於自己的終身興趣，不同能力的學生在體驗活動中獲得成功感，自我肯定進而持續學習，是一個值得教育界考慮的發展方向。

疫情・亦情・「疫」過天晴

八鄉中心小學
校長 黎婉姍
副校長 鄧鏡河
課程發展主任 杜國權博士
老師 朱曼

疫情背景下，全球教育正在遭遇巨大的挑戰。但是這場教育「危機」給了教育界及社會大眾一個寶貴的契機去思考「教育的未來」。在越來越脆弱、複雜和不確定的世界中，我們該如何通過教育來幫助學生應對未來的挑戰呢？

在疫情期間，八鄉中心小學（以下簡稱「八鄉」）充分發揮成長型思維（Growth Mindset）（Dweck, 2008），結合本校校情，轉「疫」為「機」，全方位支援教師、學生以及家長，通過線上線下聯動，實現了學科教育和情意教育的有機結合。或許，八鄉的實踐能為後疫情時代的教育帶來一些啟發。

疫情前八鄉的情意教育

八鄉，作為擁有百年歷史的學校，一直致力於構建有教無類、多元文化的正向和諧校園。八鄉的情意教育注重學生情緒的發展需求，幫助學生構建正向情緒，從而建立起正向的人際關係，同時培養學生「助人、利他、合群」等高尚品格（謝水南，1995）。而八鄉情意教育的發展得益於

正向教育在八鄉的成功實踐。

八鄉正向教育的推行和成就（天時地利人和）

天時

自 2015 起，八鄉和北山堂基金及香港城市大學合作，為教職員提供「正向教育」的培訓，旨在緩解學生的學習壓力及教職員的教學壓力，從而增加八鄉人的幸福感。2017年，八鄉獲賽馬會資助，正式開始在全校範圍內推動「正向教育」。八鄉相信「正向教育」提倡以人為本的核心思想，能最大程度地讓學生發揮潛力，享受學習生活。

地利

不知大家對村校的印象如何？八鄉作為一間村校，位於鄉郊，接近大自然。優越的地理位置為八鄉建構天人物我，成立八鄉愛貓組、蝴蝶組及松鼠組以推行生命教育，從而培育學生「助人、利他」的高尚價值創造了得天獨厚的條件。

人和

八鄉是中西文化交融的地方。八鄉學子來自世界上超過十一個國家及地區，非華語學生佔全體學生五成。八鄉

秉承着構建互相尊重、和諧友愛、幸福校園的理念，在八鄉，不分種族、文化，師生們能做到和而不同，互幫互助，同心同力，「合群」共榮。

八鄉的正向教育涵蓋了包括學生、教師、家長在內的所有的持份者。透過教師的海外考察及專業培訓、學生的正向教育課程、家長講座和親子工作坊，協助各持份者學習和實踐正向教育，建立共同的正向理念，塑造正向校園文化。

八鄉為照顧不同種族，不同文化背景學生的學習需要，在課程設計和課堂管理方面，借鑑正向教育理論（PERMA）（Seligman, 2011）並採用「關顧式課室管理」（Responsive Classroom），把正向心理和成長型思維融入校園管理、日常教學、師生溝通模式等多個範疇。

八鄉注重培養學生同理心，教導他們欣賞、尊重不同文化。例如，八鄉積極向非華語學生推廣宣傳中國文化，從而使他們更好地理解、尊重、欣賞中國文化。我們以中國的傳統節日為載體，通過豐富多樣的文化活動，讓不同族裔學生了解這些節日的起源、傳統和意義。每年春節，八鄉舉行「正向新春嘉年華」，所有學生一起練習書法，寫春聯，欣賞、學習中國茶道，品嚐中國傳統茶。在課外活動課，學生可以學習並表演舞龍舞獅、中國鼓以及中國舞。在正向成長課上，學生們在老師的帶領下進行靜觀練習，教學生學會關注自己的情緒變化並照顧自己的情緒。

茶道

中國舞

　　在大力推廣中國傳統文化之餘，八鄉也積極向學生介紹香港本土文化，從而協助不同文化背景的學生更快、更好地融入在香港的生活。在音樂科，學生會欣賞傳統粵劇；在中文科，老師會帶領學生在香港島的電車上進行繪本閱讀活動。此外，我們還會帶學生去茶樓體驗獨特的廣東飲茶文化，參觀香港的漁村和嶺南的書室。

　　與此同時，八鄉通過舉辦世界各地不同文化的主題活動來拓展學生的國際視野，培養學生正向的世界觀。例如，在跨文化日活動中，我們會根據學生的族裔，設計不同的

文化活動並安排學生體驗這些活動，從而建立起理性、共融、包容、多元、自由、開放的校園文化。

除此之外，八鄉也注重學生在日常學習生活中應用不同的正向教育元素，以促進學生的文化認同、尊重及共融，從而建立和諧的人際關係。例如，我們學校的穆斯林學生在齋戒月需要定時禱告。我們會在學校預留時間及空間讓這些學生進行禱告，並向來自其他文化背景的學生介紹這一做法的理由。再比如，尼泊爾人知道我們中國人清明節有祭祖、踏青、掃墓等傳統習俗，藉以表達孝思。他們很欣賞我們這種「飲水思源，慎終追遠」的傳統美德，於是他們仿效中國人清明節的做法，在清明節這天訂了名叫 Purkha Divas 的節日，以紀念先人。而我們在校曆中也安排了這個節日為學校的自訂假期，以表達對尼泊爾文化的尊重。

以上種種活動，都是八鄉在正向教育的理論（PERMA）（Seligman, 2011）框架下，結合本校校情、教育理念以及發展願景，打造的具有八鄉特色的正向教育。在每一學年不同的文化學習體驗活動中，八鄉學子都全情投入（Engagement）。八鄉透過豐富多彩的本地、國家及國際文化活動，建構了一個快樂、友愛、互助的學習環境，從而培養學生的正向情緒（Positive Emotions），來自不同文化背景的學生之間也能建立正向和諧的人際關係（Positive Relationships）。同時，學生們體會到通過自己努力獲得的成就感（Achievements）。在這些文化活動中，師生們齊心

協力，有意義（Meaning）地建構起了一個和諧、共融、關愛、正向的八鄉。學生、教師和家長都能在八鄉感受到「看得見的幸福」（Visible Wellbeing）（Waters, 2017）。

疫情下八鄉情意教學的「變」革

面對疫情帶給學生、教師和家長的挑戰，八鄉基於疫情前成功構建的正向文化，在新常態下，進行教育「變」革，通過靈活運用線上線下兩種模式，將學科教育和情意教育有機地結合了起來，對所有持份者進行全方位的支援。

八鄉通過參加教育局的 Bring Your Own Device(BYOD) 項目，以及和社會福利機構合作，為有需要的學生提供智能設備以及網絡數據。此外，八鄉還舉辦工作坊對家長進行培訓，向家長介紹線上課堂的教學及管理模式，促進家校雙方的溝通、理解及合作。在加強家長的信息技能的同時，家長還能配合學校的混合教學模式（Blended Learning），在家裏給學生提供更多支援。

早會期間，八鄉推出了「ABCDE(Accomplishment Day, Be Kind Day, Curious Reading Day, Delightful Mindful Day, E+Gratitude Day) 正向分享」。週一至週五，教師們通過不同主題的分享以及學生進行相關題目的談論，了解學生的情緒需求，鼓勵學生關注、分享並照顧自己的情緒健康。在疫情前，學生在正向成長課內進行靜觀學習及練習，觀察自己的情緒變化，照顧自己的情緒需求，這充分體現了八鄉情意教育的前瞻性。而在疫情下，八鄉將學生的生理

健康和心理健康放在首位。我們成功舉辦了「靜觀步行上珠峰」活動：在課間小息時，全校師生通過環繞學校的靜觀步行，享受學校的自然環境，感受自己的正向情緒。同時，學生及教師能體驗到由自己堅毅（resilience）及堅持不懈（persistency）帶來的成功感（Accomplishment）。而此活動也成為了八鄉的恆常活動，並在每年 6 月舉行。

ABCDE 早會分享

靜觀步行上珠峰

　　與此同時，八鄉通過不一樣的「快樂任務」為學生送上人情關懷。例如，疫情期間，在元朗的 8 個地點，教師義工隊將 2000 個口罩和學生家課順利地送到 118 名家長手上。此外，政府在 3 月突然宣布提早放假，這個「特別假期」

令學校、學生、教師、家長手足無措。而八鄉通過運用 Padlet 這個網上分享平台，在「特別假期」期間，結合正向元素（PERMA），推出了「八鄉特務 008 幸福任務」。學生可根據當天的主題，自由地選擇文字、圖片甚至貼上網頁、文件、錄音、視頻等方式，和其他人分享自己完成的任務。例如，第一次嘗試做飯、洗碗、幫家裏打掃衛生等生活點滴。在這個過程中，教師、小一至小六學生及家長可以同一個版面上互相欣賞自己和他人的成就，給與「點讚」並留下個人的正向評論。Padlet 讓八鄉人在不得不放棄傳統教學環境的情況下，仍能保持學生、教師、家長的高效互動。通過互動留言，八鄉人收穫並傳遞滿滿正能量。而其中一些活動受到了家長的高度讚賞。例如，在國際兒童節那天，教師們向學生和家長分享自己的童年照片。整個假期期間，學生、教師、家長發揮成長型思維，運用自己的才智，奉獻自己的創意，一起打造了八鄉獨有的學習體驗。

特殊假期

此外，八鄉還成功地將情意教學融入到學科教學中。在英文科，通過與教育局外籍英語教師組合作，發展社交及情意教育（Social and Emotional Learning, SEL）。依託繪本教學，教師帶領學生討論、理解、學習故事人物的成長，從而塑造學生正向品格。在實現累積詞彙、瞭解文意等語言教學目的的同時，學生還能學會認識自身的情緒並運用不同的 SEL 技能調節、管理自身的情緒，進而運用 SEL 技能幫助、引導他人的情緒，最終學會用正向態度面對逆境和挫折。

在新常態下，八鄉也重視對教師的支援以及教師協作，賦予了教師更多的自主權和靈活度。八鄉定期舉行網課技術支援分享會，各學科每星期進行同年級備課會，分享在新常態教學中遇到的困難及解決辦法。這些講座加強了八鄉教師的資訊科技應用以及對線上課堂管理所能力，大大減少了教師在新常態授課中的壓力。

與此同時，八鄉也關注教師的身心靈健康。除了在疫情前成立的八鄉靜觀團隊，在疫情下，八鄉通過和賽馬會樂天心澄合作，參與實體及網上的靜觀培訓，幫助教師舒緩壓力。比如，在學校例會的開始及結束，教職員們進行靜觀練習，照顧自己的情緒健康。

疫情下，八鄉接收到了來自不同家庭、福利機構以及社區的關愛。社會各界通過不同渠道向八鄉捐贈抗疫物資。而八鄉人也在用自己的實際行動詮釋如何「助人、利他」。我們的教師義工隊在疫情嚴重時期，協助民政事務處為元

朗區市民包裝防疫包。八鄉以身作則，努力做到取之於社會、回饋於社會。

在全力支援教師和學生之餘，八鄉亦沒有忘記經常「被忽略」的家長們。在疫情期間，由於工作、生活的壓力，家長也面臨着巨大的挑戰，他們也是八鄉重要關懷的對象。

除了開設各班級的陽光熱線，八鄉運用 GRWTH 這個教育綜合平台支援學生成長。在這個平台上，八鄉向家長發佈校內行政信息，傾聽家長的意見並收集家長的建議。而家長亦可透過手機隨時隨地了解子女的校內最新資訊及日誌記錄。此外，考慮到家長繁忙的日常生活，八鄉通過線上線下的有機聯動，邀請專業人士，成功舉辦了不同類型的講座和親子工作坊，例如疫情下的情緒健康講座、親子園藝治療工作坊以及全校分級線上家長晚會等等。這些講座和工作坊能幫助照顧家長的情緒健康，為家長在停課期間面對孩子的管教問題提供正向管教策略，增進親子關係。而網上講座的高參加率也反映了家長對學校工作的支持和認可。

而說到八鄉身體力行地發展情意教育，就不得不提「小一一百日宴奉茶感恩活動」。八鄉邀請小一學生家長在其子女入學第一百天的日子來到學校參加「小一一百日宴」。我們向來自不同族裔和文化的小一同學及家長介紹在中國傳統文化中奉茶禮所要表達的「感恩、尊重、愛」的意義。小一同學向家長奉茶，藉此感謝父母的養育恩澤，而家長在開心地喝下孩子所奉上的茶湯中感受到了子女的孝心。

在第五波疫情期間，八鄉仍成功地舉辦了線上「春節正向嘉年華」。教師們展示了卓越的團隊協作精神以及創新能力。通過歌曲、舞蹈、舞獅、手工製作、繪畫等不同媒介向家長和同學介紹春節的意義和十二生肖的來源。同時，我們還邀請了遠在海外的前八鄉教師們、校友們以及《愛回家》的「大小姐」和她的「舅父」，一起為學生和家長送上新年祝福。社交距離不能阻止八鄉人緊密聯繫在一起的心，我們一起度過了一個有意義的中國年。

亦情 亦晴 築夢未來

這場疫情是對全球教育的一次考驗，而八鄉在應對疫情帶來的挑戰上展現出了傑出的危機應變能力。在這艱難的時期，八鄉迎難而上，積極思「變」，運用線上線下多種媒介，不僅承擔起了教育責任，還通過不同渠道和方法保障學生、教師安全健康以及舒緩家長情緒壓力等方面，建構起了以學生為中心，由學校、教師及家長共同組織的正向教育生態圈，最終保障了八鄉人在疫情下得到身心靈的

健康成長。

「疫情」亦可以見到「人情」。面對後疫情時代的教育，八鄉堅信，只要學生、教師、家長攜手並肩，一起用成長型思維，加強學科教育和情意教育的有機融合，積極地迎接和促進教育新型態的轉變，便能塑造一個更加光明的「教育的未來」。

「疫」過天「晴」，讓我們齊心協力，一起正向成長、一起邁向豐盛人生、一起走向未來。

參考文獻：

謝水南（1995），〈情意教育的特質與教學策略〉，《北縣教育》，6，18-22。

Dweck, C. S.（2008）. *Mindset: the new psychology of success*. Ballantine Books trade pbk. ed. New York: Ballantine Books.

Seligman, M. E. P.（2011）. *Flourish: A visionary new understanding of happiness and well-being*. Free Press.

Waters, L.（2017）. *Visible Wellbeing in schools: The powerful role of instructional leadership*. Australian Educational Leader, 39（1）, 6–10. https://search.informit.org/doi/10.3316/informit.774496527078277

香港資優教育學苑的
全人發展課程

香港資優教育學苑院長
黃金耀博士
香港資優教育學苑學校及學生服務部總監
鄧沅啟

「人才培育模式」計劃

　　香港資優教育學苑（以下簡稱學苑）成立於 2008 年，服務對象為年齡介乎 10 至 18 歲的資優學生，致力提供合適課程，以鼓勵並培育資優學生發展潛能。

　　為協助那些較有潛質的學生進一步發揮天賦潛能，同時配合他們的全人發展，香港資優教育學苑於 2021 年推出「人才培育模式」計劃。

「人才培育模式」
計劃

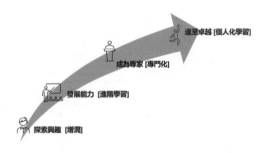

達至卓越 [個人化學習]

成為專家 [專門化]

發展能力 [進階學習]

探索興趣 [增潤]

我們期望所有學員在學習期間，都能參與學苑提供的不同類型的生活技能工作坊及增潤課程，以了解自己的興趣及能力。從宏觀角度來看，我們相信百分之十五的學員是擁有高階能力的一群，能繼續進深學習，參加進階學習課程，接受更高挑戰，而百分之四的學員是精英中的精英，他們有足夠的能力參與個人化的獨立研究項目。

「半自助式」選單課程

為了讓學員能夠就個人的興趣及能力選讀適合的課程，學苑制定了一個「半自助式」課程框架作為課程發展的藍本。

1. 首先，成功通過提名及甄選過程而註冊成為學員的資優學生，都需要參加「共同核心課程」，讓他們更了解自己的資優特質。

2. 之後，學員將參加各種各樣的「生活技能」工作坊及「增潤課程」，探索及發掘個人興趣和能力，並培養 21 世紀技能。

3. 繼而，學員可參加一系列的「進階學習課程」，在自己選擇的專科領域中，學習必要的知識，掌握進深的知識及相關技能。

4. 最終，在進階學習課程中有突出表現，願意進一步探究的學生將被甄選出來，透過資優師徒計劃，由學苑配對特定導師，讓學生在指導下進行獨立研究。在這些獨

立研究項目中，我們預期學員會取得專利發明、學術期刊論文、小說、創業計劃書等具體成果。

學苑為學員提供多元化的學習機會，包括實驗為本的工作坊、專題講座、服務學習、實地考察、線上學習等，鼓勵他們參加海外學習團以及本地或國際比賽，讓他們愉快地學習及拓寬視野。

學員的全人發展

學苑提供的全人發展課程旨在為學員提供適切的教育經驗，推動他們培養正面的價值觀和積極的學習態度實踐終身學習的承諾。學員透過不斷學習新技能，發展新能力，使他們能夠理解和欣賞不同觀點，尊重他人，樂於互動，在不斷出現的社會新形式中受益，並積極為經濟發展作出貢獻。

為達致學苑倡導的全人發展目標，我們制定了以下框架，涵蓋四個不同範疇：

I.　核心價值觀與態度

指導個人作出知情選擇、判斷、行為和行動的原則和信念。

II.　生活與職業技能

引導個人更有效地運用工具和策略，應付在工作和生活時遇到的困難。

III.　學習技能

幫助個人更有效地獲得或構建知識、技能和解難策略。

IV. 素養技能

發展個人的技巧和知識，使他們能夠了解及有效地運用資訊、數據、媒體資料及科技。

核心價值觀對學生與他人和環境互動的取態有著深遠的影響。價值觀會影響個人作出的選擇，而選擇又影響他們採取的行動。因此，學生的價值觀將直接影響他們作出的學習選擇和學習態度。我們相信，學生以核心價值觀和態度為起點，圍繞上述四個範疇，通過經歷一系列的行動、步驟和路徑選擇，調整心態，學會接受自我，展現自我，將有助於培養學生積極及有建設性的行為，使他們成為有素養和負責任的社會公民。

全人發展課程
框架

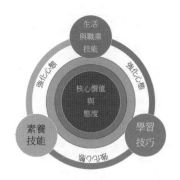

資優學生的情意需要

資優學生是指在某些範疇有優異表現的學生，例如：在某一學科具有特長，或在藝術方面特別有天分。這些學

生在情意上亦經常表現出一些與眾不同的特質，比如說對自己要求很高，對別人的評語特別敏感，有時候會過度激動。由於具備這些特質，資優學生在情緒及人際關係中容易出現適應困難。故此，倘能在他們的學習中加入情意教育元素，將有助促進他們更有效地管理個人情緒，提高抗逆能力，加強他們的自我認識，建立合理的個人期望，並了解個人的社會責任。

資優學生的身心能否健康地成長往往受到自身及外界很多因素影響。當中，「異步發展」與資優學生的情緒發展有緊密的關係。「異步發展」是指資優學生在學術、情緒、身體、社交方面的發展不一致。其智力發展可能較身體和情感發展的步伐更快。例如：1）認知發展大於運動技能發展（一個資優學生可以具備對藝術作品評鑑和比較的審美能力，但他的小肌肉尚未完全發展，故此無法繪畫出像樣的圖畫）；2）認知發展大於社交技能發展（一個資優學生可以在小學階段計算高中的數學，但在情感上仍未有高中生的成熟程度，故他也像其他小學生一樣，有難以控制個人情緒的時候）。他們有大量和豐富的內在情感，但卻缺乏情緒應對技巧。這個不同步的發展往往為資優學生帶來焦慮和社交掙扎，造成情緒困擾。

推行全人發展及情意教育

在實施全人發展課程時，我們應同時重視認知和實踐

兩方面。學員需要徹底理解課程設計背後的理論基礎，然後才能對其產生認同。此外，為學員創造一個平台，讓他們把信念轉化為行動，這樣他們就可以不斷提高自己的技能。除了透過不同類型的課程促進學員發展其潛質外，學苑同時亦會關注他們情意方面的需要。學苑透過兩種方式全方位地推進資優學生的全人發展及情意教育：

1. 滲透式：根據課程背景的適宜性，精心挑選不同的全人發展和情意教育元素，並將其融入學苑提供的不同種類的增潤和進階學習課程之中，讓學員在學習知識的同時，兼顧情意發展。去年，學苑共推出了八個課程，讓超過 200 位資優學生參加。

2. 獨立式：學苑設計和提供了涵蓋不同全人發展內容和兼顧學員的情意需要的主題課程和工作坊，使學員參與互動學習。去年，學苑開辦了 85 個課程，超過 3,000 位資優學生參加。

以下一些課程例子可以加深大家對兩種推展資優學生全人發展及情意教育模式的了解

滲透式課程例子（一）：「基因解密」

在這個「基因解密」的課程中，學員學習了遺傳學的基本概念，了解 DNA 的構造、特質、功能及所擔當的角色。在學習過程中，導師會刻意地引領學生意識到基因缺陷對疾病發展的重要性，以及如何維持基因健康。學員從而識

別出基因工程中的道德和倫理問題，並作出明辨性思考和評估。

滲透式課程：
「基因解密」

滲透式課程例子（二）：Shall We TED talk?

透過介紹 TED 的概念和背景，提高學員的聽力、口語及明辨性思考的技能。為學員提供一個「本地化」的「TED」平台，讓他們自信、生動地演講。透過視覺輔助工具和肢體語言等不同的演講技巧，培養學員成為「TED」演講者。課程導師更特別強調培養學員成為有同理心的演講者，站在對方的觀點去思考問題，增強他們對聽眾情緒的關注。

獨立式課程例子（一）：新興體育運動「躲避盤」和「芬蘭木棋」

學苑去年引入新興體育運動「躲避盤」和「芬蘭木棋」。這些運動講求眼界準、腦筋靈活及隨機應變，十分適合喜歡思考的資優學生。

透過這些運動課程，學員不但可以鍛練體魄，增進手眼協調，提升專注力，掌握該運動的基本知識、技術和戰略，還有很多機會與隊友商討攻防戰略，提升解難能力，培養團隊合作精神，也可以更有自信地進行溝通。這些都是我們期望資優學生積極發展並具備的素質。

滲透式課程：新興體育運動「躲避球」和「芬蘭木棋」

獨立式課程例子（二）：「人生沙盤推演桌遊」

渗透式課程：
「人生沙盤推演
桌遊」

學苑設計獨立式的生涯規劃、自我認識的課程，讓學員體驗不同人生角色，認識自己的強、弱項，懂得劃分事務的優先次序。學員在了解自己的個性後，反思個人需要，發掘自己的夢想，並為未來制定計劃。透過「人生沙盤推演桌遊」，模擬自己 20 至 60 歲時的生活，檢視各個人生階段，看看所做的選擇會怎樣影響自己的生活，怎樣做出更好的個人選擇。過程中，學員也可以學習如何解決問題，處理衝突、紓緩情緒壓力。

推行資優學生情意教育的成效

學苑的研究部致力提供優質的資優教育資訊並分享研究成果，透過與資優教育持份者協作，以增進公眾對香港資優教育的認識和了解。

研究部不時會進行一些與情意教育相關的研究。在一個有關情感特徵對學生幸福感的重要性的研究中，我們發現了成長心態跟學生的學習態度和面對逆境的能力有很大關係。在一個關於父母教養方式、成長心態對資優學生的學術自我概念和生活滿意度的影響的研究中，我們發現成長心態對生活滿意度（標準化回歸系數（SRC）= 0.114）和學術自我概念（SRC）=0.137）具有積極、顯著的影響。

在另外一個研究資優學生的線上自主學習中，我們發現在自主學習中表現最好的那組學生的成長心態（平均得分 = 3.65），明顯高於學生表現較差的那些組別（平均得分 = 3.39）。

定量數據的分析顯示學苑的導師能夠有效地將情意教育元素滲入到多個學生課程中。在學員的預期學習成果評分中獲得平均分 3.5 分（最高為 4 分），顯示推行課程的成效不俗。在定性數據方面，參與師徒計劃的導師發現，學員通過學習和討論，建立了自信，培養了社交能力，願意接觸新群體（例如同儕社區及專業網絡）。他們嚮往未來，求知求進。

　　以下節錄了一部分學員對課程的反饋，它們對學苑日後優化課程非常重要：

　　　　「我能學習到與人協作。」
　　　　「聽別人的演講和想法啟發了我。」
　　　　「我會開始建立目標。」
　　　　「我很幸運能參加這個課程，因為我在這裏學到了很多東西，也受益匪淺，比如結交新的朋友，知道如何用創意克服困難，如何永遠保持開朗或快樂的想法。我也覺得我屬於這裏，這就是我喜歡這個課程的原因。」
　　　　「我明白如何規劃人生。」
　　　　「在充滿創意的環境中被接納受落同學習。」
　　　　「學習到在隊中與其他人一起工作。」

　　除了為學員提供課程之外，學苑提供的家長教育課程可提升家長對資優教育的認識，協助家長裝備知識和技能，

使他們能夠為子女締造更合適的成長環境。課程同時提供一個互動的平台，讓家長互相學習、分享。學苑也為教師提供專業發展活動，透過寬廣的資優教育支援網絡吸引並動員不同持份者，增進教育同工對資優教育、學苑角色、學員資格以及課程選擇的認識和了解。

此外，學苑的諮詢及評估中心也會為為學生及家長提供支援，幫助他們了解與資優相關的特殊發展和情意教育需要。學苑設有免費熱線服務，為家長提供培育資優子女的資訊和建議，提供收費的評估及面談諮詢或輔導服務，以滿足個別需要。

結語

作為香港其中一間受資助為資優學生提供服務的教育機構，香港資優教育學苑肩負發掘及培育資優學生的使命。學苑上下抓緊每一個機會為學生提供合適的學習經歷，促進他們發展潛能，展現資優特質。學苑亦會透過不同的平台，跟教育界的同工交流，務求精益求精，優化學苑的服務，裨益更多資優學生。

樂天心澄的靜觀校園

香港大學賽馬會「樂天心澄」靜觀校園文化行動總監
林瑞芳教授

靜觀與教育

甚麼是靜觀？

狹義來說，靜觀是靜修的練習，最常見的是靜坐。但除了靜坐外，還有更多的練習形式，例如靜觀伸展、靜觀步行等。然而，從廣義來說，靜觀是從靜修練習引申出來的人生態度。後者建基於前者的修習，換言之：靜觀的人生態度來自具體、可操作、可實踐的靜修練習。在不同文化、不同種族、不同宗教或靈性修養傳統裏，也有靜修的傳統。佛教稱之為「禪修」或「正念」、天主教稱之為「靜修」或「默觀」、基督教稱之為「靈修」或「默禱」、道教稱之為「打坐」⋯⋯

靜觀的效用

近年來，這個源遠流長的古老修習在醫療界牽起了熱潮。事緣有大量的研究證明靜觀修習能有效治療焦慮和抑鬱 (Goldberg et al., 2018)，並能提升人們的精神健康 (Brown et al., 2007）。然而，上醫治未病，預防勝於治療。預防精神健康問題，最佳的切入點不是醫院，而是學校。可是相比起醫療界，靜觀在教育界的起步比較晚，發展和研究也比較落後。幸好還有一定數量的研究顯示：靜觀能改善在學兒童和青少年的精神健康、認知學習、行為問題和身體健康（Dunning et al., 2019; Weare, 2018; 2019）。

香港兒童和青少年的健康問題一直是社會關注的議題。根據 2015 年的《香港精神健康調查》（Lam et al., 2015），16 至 25 歲的青少年中，有 11.32% 患有包括焦慮、抑鬱等的情緒病。而 2018 年的《精神健康檢討報告》更指出：香港兒童及青少年的精神科病人從 2011/12 年度至 2015/16 年度，在短短五年間增長了 50%（Food & Health Bureau, 2018）。雖然靜觀不是精神健康的萬靈藥，但香港的教育工作者不能忽略這個成本低，並具科學實證支持的介入方案。

賽馬會「樂天心澄」靜觀校園文化行動

計劃願景

2019 年夏天，香港大學社會科學學院承蒙香港賽馬會慈善信託基金的捐助，成立了賽馬會「樂天心澄」靜觀校園文化行動（Jockey Club「Peace and Awareness」Mindfulness Culture in Schools Initiative）。中文簡稱為賽馬會「樂天心澄」

計劃，以彰顯樂天正向，心境澄明的精神。至於英文簡稱則為 JC PandA Project，因為英文的 Peace and Awareness（和平與覺知）縮寫起來就是 PandA。

計劃的標誌有熊貓的圖像

賽馬會「樂天心澄」
靜觀校園文化行動
Jockey Club "Peace and Awareness"
Mindfulness Culture in Schools Initiative

這個計劃有以下願景：

第一，為本港**學生**引進靜觀作為社交情緒課程的一環，讓他們能夠以靜觀的態度和方法處理情緒。

第二，為**老師**提供靜觀課程及導師培訓，讓他們能夠靈巧地應對壓力及教導學生靜觀。

第三，為**學校輔導人員**（例如教育心理學家、社工和學生輔導人員）提供靜觀課程及導師培訓，讓他們能夠將靜觀納入校本服務，支援學生、老師及家長。

第四，與**學校**管理層緊密合作，建立可持續的靜觀文化，支援學生、老師及家長練習靜觀。

全校參與的策略

為達成以上的願景，計劃採取了「全校參與」的策略。（Whole-school Approach）（Sheinman et al., 2018）。所謂「全校參與」，就是動員學校所有持份者參與。他們包括學生、

老師和家長。採納這個策略有兩個原因：第一，老師和家長同是學生在成長過程中的主要照顧者。這些照顧者安好，學生就會安好。第二，向學生教導靜觀修習的最佳人選是校內的老師，不是校外人士。假如學校要依賴外來導師教授靜觀，那是既昂貴又低效的安排。長期陪伴和照顧學生成長的，始終是學校的老師，不是外來的靜觀導師。因此，計劃會先讓老師學習靜觀、喜歡靜觀；繼而再讓他們學會怎麼教導自己的學生靜觀。這是一個「訓練訓練者」（train the trainers）模式，能讓靜觀教育在學校內持續。

參與的學校

賽馬會「樂天心澄」計劃的團隊不足十人，若要在香港以「全校參與」的策略推動靜觀校園文化，便要依賴一些槓桿：那就是由小步子開始，強化一些種子學校，讓他們先建立好靜觀的校園文化，然後由這些學校作為代言人和資源中心，幫忙把靜觀文化推廣至其他學校。計劃在 2019 年夏天開始時，得到九所學校願意成為種子學校（Seed Schools），負起先導者的角色。這九所學校分別是香港道教聯會純陽小學、聖公會基福小學、香海正覺蓮社佛教陳式宏學校、香港四邑商工總會黃棣珊紀念中學、聖馬可中學、保良局姚連生中學、東灣莫羅瑞華學校、明愛樂恩學校、香港青少年培育會陳南昌紀念學校。

這九所學校有三所是小學，三所中學和三所特殊學校，分佈在香港九龍新界各區，有着很不一樣的宗教背景，

有基督教的、佛教的、道教的、也有沒有宗教的。而辦學的團體也是多元化的，有教會、佛社、道聯會、慈善團體以至工商組織。邀請背景如此不同的學校作為種子學校是有意的安排。香港有過千的中小學，背景千差萬別。假如希望靜觀校園文化能普及，就應該先在背景很不同的學校試行，方才知道會有怎樣的困難和如何去克服。當如此多元化的種子學校也能建立靜觀校園文化，對其他有着不同背景的學校而言，就很有說服力了。刻意邀請不同宗教的學校參與，就是要彰顯靜觀的非宗教性質，讓其他學校釋疑。在不同的地區設立種子學校，是方便不同地區的學校獲得種子學校的資源和支援，例如北區學校的老師可以在上水的種子學校上八週靜觀課程，無需長途跋涉來香港大學上課。

計劃每一年會多招募九所協同學校(Affiliated Schools)，三年下來就有 27 所協同學校。這些協同學校需要分批逐年加入，主要是為了善用稀少的資源。不夠十個人的賽馬會「樂天心澄」團隊，無法同一時間服務九所種子學校和 27 所協同學校。分批逐年加入，計劃就能應付過來，還可以把剩餘的資源，例如八週靜觀課程的名額，分派給種子學校和協同學校以外的學校。因為叩門者眾，計劃便設立了第三個類別的參與學校：聯繫學校（Network Schools）。資源的分派優先次序為（一）種子學校；（二）協同學校；（三）聯繫學校；（四）其他學校。到目前為止，賽馬會「樂天心澄」團隊一共有 73 所參與的學校：9 所種子學校，27 所協

同學校，37 所聯繫學校。

種子學校是先導學校，會率先探索如何建立靜觀校園文化，把靜觀課程納入學校的社交情緒課程內，並且有責任成為所在地區的資源中心，分享經驗、提供資源，例如開放校內的靜觀室作為上八週靜觀課程的場地，協助同區的其他學校，尤其是協同學校建立靜觀校園文化。協同學校也有承諾建立靜觀校園文化，並把靜觀課程納入學校的社交情緒課程內。這兩類學校也設立了核心小組，負責統籌靜觀校園文化的各項事宜。聯繫學校則毋需承諾把靜觀課程納入學校的社交情緒課程內，但也會成立核心小組，統籌老師上八週靜觀課程的事宜。

工作重點

教育工作者

因為採納了「全校參與」和「訓練訓練者」的策略，教育工作者就是計劃的一個很主要的動員對象。在過去幾年，計劃每年為 300 位教育工作者提供八週靜觀課程，更在每年的夏天辦兩個靜觀導師的培訓課程，讓 80 至 100 位教育工作者懂得如何在學校內向學生教授 Paws b 或 .b 課程。這兩個課程是英國靜觀校園計劃（Mindfulness in Schools Project, MiSP, https://mindfulnessinschools.org/）所設計。全部經香港大學的團隊翻譯為中文，並根據華人文化和社會

處境，作出了適當的修訂。每套課程也包含了簡報檔案、教師講義、學生工作紙和視頻。

能夠成為 Paws b 或 .b 導師的，除了學校老師外，還有學校輔導人員。賽馬會「樂天心澄」計劃對這些輔導人員有多一層的期望，也有多一層的支援。計劃提供了獎學金，讓學校的輔導人員能到英國去參加靜觀校園計劃（MiSP）開辦的七天學校靜觀領袖培訓（School Mindfulness Lead），學懂如何向學校的成人教授八週靜觀課程。

中小學生

賽馬會「樂天心澄」計劃的團隊不會親自到校教導中小學生 Paws b 或 .b。這個任務是交給學生最熟悉的學校老師去承擔。一般來說，學校會挑一級來教授課程。至於在哪一級，視乎學校原來對社交情緒課程的安排。假如一級有 100 個學生，36 所學校就每年有 3,600 個學生受惠。而這個數字是每年滾存下去的。這麼龐大的學生人數不是計劃團隊能承擔得了的。此外，這不只是量的問題，更是質的問題。過去有研究指出（Carsley et al., 2018），校內教師比校外教師更高效，學生的得益更大。

家長

計劃也重視家長教育，但礙於資源有限，在計劃的首兩年，只能提供一些家長工作坊或講座，未能為他們安排

八週的靜觀課程。到了第三年，計劃才嘗試開辦六個靜觀課程給家長。其中五個是由計劃的教育心理學家主持的靜觀教養八週課程（mindful parenting）。這個課程是荷蘭阿姆斯特丹大學的蘇珊・博高斯教授（Susan Bögels）所設計的（Bögels & Restifo, 2014）。還有一個給家長的八週課程是由獲取了獎學金，完成了培訓的學校社工所主持的 .b 基礎靜觀課程。

公眾

計劃的主要服務對象是學校內的持份者，但因應社會的逼切需求，計劃也會盡力服務公眾。2020 年初香港爆發了新冠病毒疫症，全港停課、停工、停市，陷入了一片恐慌之中。計劃便在 2020 年 2 月在網上推出《「疫」境中的靜觀空間》資源套（http://www.jcpanda.hk/ms2020），讓大眾運用短小安全的靜觀練習音頻，在家學習用靜觀來減壓。

計劃也會定期為公眾舉辦共修活動，例如每月舉辦的「靜觀星期一」，每次都有過百人參與。共修的主題多元化、包括憂慮、睡眠、接納、慈愛、感恩等等。此外，為了方便大家持續做靜觀練習，計劃開發了一個手機應用程式——「樂天心澄」。程式內含不同長度的靜觀指導音頻，方便參與不同課程的老師、學生和公眾使用，更有動畫短片和示範的視頻，以生動有趣的方法講解靜觀和帶領靜觀練習。此外，程式還有記錄練習的功能，讓修習者看得到自己的修習進度。

「樂天心澄」手
機應用程式的下
載二維碼

工作成效

教育工作者的課程

在過去幾年，已超過 900 名教育工作者修畢八週靜觀
課程。為了評估成效，計劃採用了隨機對照實驗來進行研
究。結果顯示與對照組相比，實驗組在靜觀課程完結後，
失眠、壓力和負面情緒減少了；而身心健康、正面情緒
和生活滿足感提升了。這樣的優勢在兩個月後仍然持續
(Tsang et al., 2021)。更令人鼓舞的是，課程前身心健康較
弱的教育工作者得益更大。比起身心健康較強的同儕，起
步時越是落後的參加者，在靜觀課程中的正面轉變越大。

學生的課程

儘管疫情肆虐，學校不時停課，但計劃的首三年已有

至少超過 6000 名學生參加了 Paws b 或 .b 靜觀課程。學生從課程中體驗到不同的靜觀練習，包括手指呼吸法、注意力「瞓」練、靜觀進食、靜觀步行、與困難為友、感恩練習等。課程後的問卷調查顯示：超過九成學生覺得靜觀課能讓他們認識自己，留意到感恩的事，學會減壓的方法，並對身心健康有幫助。整體而言，他們喜歡學校推行靜觀。

計劃在其中一所種子學校進行準實驗研究。該學校安排全體中六學生在生命教育課參與 .b 靜觀課程，由 9 月至 12 月，共 10 節課。學生在三個時段填寫研究問卷：分別是課程前、課程後以及兩個月後回校領取文憑試準考證時。結果顯示學生上完靜觀課程後的身心健康、情緒處理及師生關係都有所提升。而靜觀的成效在學生備考的日子仍然持續，不少學生在家也有做靜觀練習幫自己應對壓力。

家長的課程

雖然計劃為家長辦的八週靜觀課程比較少，只在最近一年才開始推行，但隨機對照的實驗研究也顯示：與沒有上過課程的家長相比，上完課程的家長，感受少了壓力，多了情緒的覺察，在行為上也多了對孩子的支援。

公眾的共修

在每次公眾的共修活動後，計劃也會進行評估調查。結果顯示：98% 的參加者對共修感到滿意，讓他們在繁忙

中有空間靜下來，讓身心稍作休息。他們會推薦給其他朋友和同工參與。

未來的方向

量的擴大

雖然計劃在過去幾年服務了 73 所學校，但香港有 989 所公營學校（Education Bureau, 2022），所佔的比率還是很低。要在香港的學界建立靜觀校園文化，還需要更長的時間和更多的功夫。賽馬會「樂天心澄」計劃原本是一個三年計劃，到了 2022 年便會終止。但幸得香港賽馬會慈善信託基金的繼續支持，可以多延長三年，直至 2025 年。在未來的三年，計劃會擴大參與學校的數目，每年會多招募 16 所新的協同學校，三年就是 48 所。

深化與持續

除了在量上擴大外，計劃也會深化服務的素質，並加強計劃在完結後的持續性。第一，計劃會在 .b 和 Paws b 兩個獨立的靜觀課程以外，和教育工作者一起設計一些融合式的課程，把靜觀的元素滲透在各個學科裏。第二，多發展靜觀共修和工作坊的資源套，方便學校自行舉辦這些活動。第三，多舉辦家長的八週靜觀課程，改善家長的身心健康和教養孩子的方法。第四，培訓更多的學校輔導人員，

讓他們在計劃完結後，仍能繼續向教育工作者和家長提供八週靜觀課程。第五，强化種子學校的角色，讓他們成為地區的資源中心，繼續向區內其他的學校提供建立靜觀文化的經驗與支援。第六，從事更多有分量的研究工作，以探討靜觀的效用及其心理機制。第七，結集各參與學校的經驗，出版成書，為有志建立靜觀校園文化的教育工作者提供指南。

賽馬會「樂天心澄」計劃在過去幾年做了大量的工作，但也只能算是在播種，談不上已有豐碩的成果。建立靜觀校園文化不是一朝一夕就能完成。要看到香港更多校園的靜觀文化枝繁葉茂、花果飄香，還需要更多園丁的努力。

參考文獻

Bögels, S., & Restifo, K.（2014）. *Mindful parenting: A guide for mental health practitioners*. New York: Springer.

Brown, K. W., Ryan, R. M., & Creswell, J. D.（2007）. Mindfulness: Theoretical foundations and evidence for its salutary effects. *Psychological Inquiry, 18*（4）, 211-237. https://doi.org/https://doi.org/10.1080/10478400701598298

Carsley, D., Khoury, B., & Heath, N. L.（2018）. Effectiveness of mindfulness interventions for mental health in schools: A comprehensive meta-analysis. *Mindfulness, 9*（3）, 693-707. https://doi.org /10.1007/s12671-017-0839-2

Dunning, D. L., Griffiths, K., Kuyken, W., Crane, C., Foulkes, L., Parker, J., & Dalgleish, T.（2019）. Research Review: The effects of mindfulness-based interventions on cognition and mental health in children and adolescents – a meta-analysis of randomized controlled trials. *Journal of Child Psychology and Psychiatry, 60*（3）, 244-258 https://doi.org/http//:doi:10.1111/jcpp.12980

Education Bureau（2022）. *Figures and statistics*. https://www.edb.gov.hk/en/about-edb/publications-stat/figures/index.html

Food and Health Bureau.（2018）. *Mental health review report*. Hong Kong:

Hong Kong Special Administration Region Government. https://www.fhb.gov.hk/download/press_and_publications/otherinfo/180500_mhr/e_mhr_full_report.pdf

Goldberg, S. B., Tucker, R. P., Greene, P. A., Davidson, R. J., Wampold, B. E., Kearney, D. J., & Simpson, T. L. (2018) . Mindfulness-based interventions for psychiatric disorders: A systematic review and meta-analysis. *Clinical Psychology Review, 59*, 52-60. https://doi.org10.1016/j.cpr.2017.10.011

Lam, L. C., Wong, C. S., Wang, M. J., Chan, W. C., Chen, E. Y., Ng, R. M., Hung, S. F., Cheung, E. F., Sham, P. C, Chiu, H. F., Lam, M, Chang, W. C., Lee, E. H., Chiang T. P., Lau, J. T, van Os, J., Lewis, G., Bebbington, P. (2015) . Prevalence, psychosocial correlates and service utilization of depressive and anxiety disorders in Hong Kong: the Hong Kong Mental Morbidity Survey (HKMMS) . *Social Psychiatry and Psychiatric Epidemiology, 50* (9) , 1379-1388. https://doi.org/10.1007/s00127-015-1014-5

Sheinman, N., Hadar, L. L., Gafni, D., & Milman, M. (2018) . Preliminary investigation of whole-school mindfulness in education programs and children' s mindfulness-based coping strategies. *Journal of Child and Family Studies, 27* (10) , 3316-3328. https://doi.org/http://dx.doi.org/10.1007/s10826-018-1156-7

Tsang, K. K. Y., Shum, K. K. M., Chan, W. W. L., Li, S. X., Kwan, H. W., Su, M. R., Wong, B. P. H., & Lam, S.-f. (2021) . Effectiveness and mechanisms of mindfulness training for school teachers in difficult times: A randomized controlled trial. *Mindfulness, 12* (11) , 2820-2831. https://doi.org/10.1007/s12671-021-01750-1

Weare, K. (2018) . *The evidence for mindfulness in schools for children and young people*. https://mindfulnessinschools.org/wp-content/uploads/2018/04/Weare-Evidence-Review-Final.pdf

Weare, K. (2019) . Mindfulness and contemplative approaches in education. *Current Opinion in Psychology, 28*, 321-326. https://doi.org/10.1016/j.copsyc.2019.06.001

校長與教師專業協作和領導、家校合作

本主題將討論學校整體發展、專業協作、
共同創建、分散式領導和家校合作這幾方面，
在不同的社會、經濟、人口及宗教背景下，
如何有助於改變新常態下的情意教育，
以及如何適應新政策方向的出現

停課不停學，停課不停愛：
新常態下的學校領導

天水圍循道衛理小學
蘇炳輝校長

2020 年 2 月 6 日起，學校停課，面對着前所未有的疫情，一下子打亂了所有人的生活習慣、教師的教學計劃和學生的學習進度，一切都變得無先例可循。家長頃刻之間要安排孩子在家學習，又要兼顧在家工作以及孩子長期留家的生活所需，家長們都分身乏術，壓力之大無法言喻。回顧過去的兩年，我們分為兩階段，分別是前疫期與後疫期。學校在這兩個階段中，分別記錄了不同的歷程，同時也經歷了不一樣的教師專業發展。對學校領導來說，更是一個嶄新的經驗。以下分享的本校的經歷，見證了整個共建專業知識的過程。

前疫期：建立共同語言的重要

疫情初期，我們首先要做的是即時應變 —— 在線學習是應對疫情的重要策略。當教育局第一次宣佈停課時，我們立即審視學生及老師已使用過的學習工具及網上系統。因應師生的學習能力、適應程度及家庭環境等不同因素，選擇使用相應的在線學習系統。這些決定是隨校本而定，

64　情意學習 —— 想像未來教育

需經過多方面考慮：一方面要審視教師已有的資訊素養，也要顧及學生的現實環境，同時要考慮學生的家庭支援程度。作出決策的時間縱然非常急促，但仍需要聯繫不同科組的教師共同檢視校本的現況。不要輕看這個討論過程，這過程能讓教師團隊聚焦於學校持份者的學習需要，同時透過共同協商的過程，建立老師、學生和家長之間的共同語言，創設停課期間的學習系統。這亦成為「停課不停學，停課不停愛」的重要橋樑。

共同語言

前疫期：建立互信互樂的教學文化氣氛

在視像課期間，我們沒有限制教師運用特定的互動或製作自學影片的軟件，反而鼓勵教師使用方便自己操作的工具。我們相信，在線學與教策略的組織，不管對老師或是學生來說，都是一個全新的經驗，這當然需要一個適應過程。而且我們相信在初期保持開放的態度，讓師生多一點時間適應，能建立多一些安全感，減少不必要的不安。

疫情初期，維持學習是我們的首要目標，教師可以使

用不同的軟件，致力減少停課對學生在學習時遇到的困難。因此，教師們在線教學的策略反而需要更多樣化，為學生帶來不同的學習體驗。有的老師使用簡單的簡報工具，設計了互動揭牌遊戲學習生字；亦有老師使用一些教學應用程式，讓每位學生也能在線上分享學習心得。這些教學互動小策略，給予學生更多參與學習的機會，亦讓教師更有信心地掌握學生的學習表現。

作為學校領導，我們亦應適時把握這次契機，留意及捕捉教學上的「小成功」，透過不同的溝通平台，建立教師間的分享文化，分享這些「小成功」的教學例子。因此我們成立了「好學‧吾學」的教師自學頻道，由資訊科技組的同事先分享經驗，介紹一些實用、有趣的、可輔助教學的軟件和製作短片的方法，之後再鼓勵其他科組的教師們將自己的教學心得拍成短片，互相分享。我們明白，教師一方面要處理網上教學和製作網上學材，另一方面亦要在這新常態下學習新技能，實在不易。因此我們刻意邀請多位教師將使用數碼技能的技巧製成影片，分享到教師自學頻道中，教師可按需要在頻道中取經。我們發現在短時間內，此舉不僅更加貼合不同科目的老師的需要，亦能迅速提升教師的數碼技能。另外，在建立教師自學頻道時，我們亦制定一些基本共通的原則，例如：短片不可超過 5 分鐘，以簡單實例作示範，引發教師提升自我技能的興趣，讓他們有信心、有能力面對新常態下的工作。

前疫期：將經驗轉化為知識

在線學習運作了一段時間後，我們繼續為老師締造機會，透過校內一直使用的分享平台，適時分享教師們製作自學學材的心得與經驗。這些分享亦可視作為行動研究，教師們在成功的例子中慢慢吸取一些製作自學學材的規律，例如畫面出現重要訊息時的佈置、影片時間的長度等。作為學校的領導，亦嘗試尋找提高學生學習動機與自學影片相關的文獻，輔助教師們的行動研究，以及善用電子課業平台的數據，整理學生學習後的表現，例如檢視評測的成績、各學科佈置的課業設計等，作為回饋的證據，進行知識管理，並適時在會議中分享，請科組長帶領同事持續優化線上教學的效能。

以傳統單元教學為例，教師一般會先確定單元教學中知識、技能、態度不同導向的學習目標，並安排學生在學習整個單元後進行評測，以便了解學生的學習進度。但在暫停實體課期間的學習中，我們發現可以安排學生在線自行進行部分知識性的學習，加上自學後的即時評測，學生可即時了解自己的學習掌握程度，其學習動機亦有所提升。而在網課或實體課中，我們可重點發展學生的情意及技能，還可以根據學生已完成的自學情況，加深或加廣學習內容，以照顧學習的多樣性。因此，在疫情後的自評問卷中，學生及家長對網課期間的學習，都有正面的回饋。同時我們看見藍海，這是過往傳統教學未能做到的。

既然在疫情下學生及家長對學校教學有正面的回饋，

校內教師的成功案例亦引證教學變革的可行性，作為學校領導，宜藉此契機，與教師一同反思傳統面授教學的改進方案，探究更能達到三環評量的策略。我們根據老師的教學經驗及反饋，運用 Bloom's Taxonomy 的認知架構來編排在線教學與實體教學的目標，讓學生可以在實體教學中有更多時間來掌握技能應用，體驗及培養情意上的正確價值觀。所以第一步要學習如何分辨教學中的重點 —— 將曾經實體教學中的重點進行分類：哪些可以在線上自學，哪些必須安排在實體教學中實踐。我們同時發現線上教學對有特別學習需要的學生似乎亦很有成效，因為學生可以在家反覆觀看教學短片或老師製作的其他學材，鞏固所學。這種反覆學習的過程，對部分能力稍遜的學生來說，是非常重要的學習歷程。

學習習慣

天水圍循道衞理小學

前疫期：重塑學習習慣

除了教學安排外，我們亦重視建立良好的學習習慣：我們刻意將在線平台作為窗口，請家長和學生討論制定疫

情期間的生活時間表，時間表內還包括視像班會、做家務、運動、閱讀和自學時間，並且讓他們定時檢視實踐生活時間表的情況。

我們深信維持良好的學習習慣對個人成長具有一定的奠基性、持續效應和正面果效，因此，我們積極邀請家長配合。另一方面，學校亦考慮學生的智趣發展，利用線上作為展示平台，讓學生參與在線節目、課後活動、跨地域協作活動。透過各平台的瀏覽、提交作品等數據回饋，都反映出即使停課，只要維持良好的學習習慣，仍能做到「停課不停學，停課不停愛」。因此，即使在重啟面授課後，學校仍致力延續家校合作，持續培養學生的學習習慣。我們肯定了知識學習與情意學習的關係，它們是相輔相成的。學生的價值觀更是「重中之重」，我們深深體驗到學生的自律精神，家長對學生的情緒支援亦與學習效能息息相關。

Tinberland
生活時間表

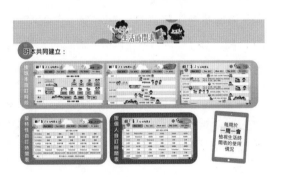

後疫期：延續生活習慣的培養

2021 年恢復實體半天課後，學校積極推動混合式學習。怎料 2022 年初又再度停課。這次停課更是史無前例的將暑期提前於三月進行，這個突如其來的「假期」令我們再度思考未來前行的道路。有了前疫期的經驗，我們發覺學習與情意是不能分割的。成功的混合式教學，能激勵學生們自主學習，但前提是，學生必須自律。與傳統面授課堂比較，網上授課對自律性的要求更高。特別是學生在家學習，如果缺乏生活習慣的培養，只能事半功倍。在照顧學生學習需要的同時，我們也考慮到家庭的支援：突如其來的長假期，加上疫情的陰霾，家長未必能好好善用時間，為子女計劃假期的學習活動。學生的生活作息會被打亂，以致「晚睡晚起」。英國倫敦大學的研究發現，若兒童睡眠時間不固定或習慣晚睡，其閱讀、數理等方面的成績會較差，影響更會不斷累積。為讓學生在假期期間過得有意義、有目標，我們再次啟用「生活時間表」，班主任和學生根據實際情況需要，照顧有不同學習需要的學生，彈性地編排生活時間表，並由班主任定期跟進。對學生而言，有效的時間管理能令他們保持一貫的生活作息規律和身體健康，並且保持他們的學習動機，在假期過後能盡快投入正常的校園生活。

後疫期：一周一會以保持師生關係

　　我們擔心提前到來的暑假與疫情參雜一起，令學生缺少活動的機會。因此，我們決定讓班主任與學生每星期在網上會面一次。「一周一會」中班主任以輕鬆、關愛為原則，請學生分享假期生活，了解及關心學生的近況。除此之外，班主任還會鼓勵學生完成每周發放的學材，檢視閱讀、做家務和興趣活動等進行的情況。班主任疫利用「一周一會」的時間，與學生檢視生活時間表的使用情況，從而作出提醒或跟進。通過「一周一會」，在這個特別的暑假中也能做到「停課不停學，停課不停愛」。

後疫期：新系統的的誕生及延續性

　　在提前放暑假的蘊釀階段，我們的教師團隊已着手討論長期假的安排。雖然此次暑假提前到來，但在經歷了停課、網課、半天復課、全校六分一面授、全校三分一面授等不同復課的安排後，大家不論在教學方式還是心態方面，都有了更多的適應。我們更相信即使在疫情過去後，混合式線上、線下學習仍會佔據重要的地位。但如何推動混合式學習去培養學生素養，以及如何建立學生正確的上網習慣，將是重大的挑戰。有見及此，我們認為這是強化學生自學能力的好時機。於是我們設計了一個更有系統的自學平台——「Tinberland」，並配合生活時間表，讓學生在提前到來的暑假期間可以好好管理及善用時間，進行自學，以

擴大同學「自主學習」與「情意學習」的實踐。我們嘗試在 Tinberland 中加入不同的元素，一方面嘗試以生活習慣時間表來重塑學生的數碼素養，另外亦嘗試結合外間的資源，讓學生有機會因應自己的興趣及進度作自由選擇，選取不同的自學內容。同時，家長是影響學生的重要持份者，我們亦關注家長的身心健康，於是我們在自學網站內，亦加入了「家長版抗逆加油站」，為家長們提供抗逆、管教等最新資訊，對父母進行鼓勵與支持。

Tinberland 的內容主要分為三方面：學生的自學內容、學生的生活習慣培養、對家長的支援。着三個方面既包含了學習方面，又有與學生及家長的情意的聯繫，可以做到「停課不停學，停課不停愛」。

Tinberland content

後疫期：學生自學內容及發展性

疫情中，我們發現坊間或校內不同科組都有豐富的學材和資訊，如何整合這些內容，方便學生學習，是十分重

要的。於是我們在 Tinberland 自學網站中，融合了校本自學素材，以及坊間資源，整合成較有系統的學習內容，滿足不同學習需要的學生的求知欲及興趣。最重要的目的是希望學生能在資訊爆炸的網絡大海中找到自己的方向，養成健康的網上自學習慣。我們希望豐富的自學內容可以做到「停課不停學」。

網站劃分不同區域：

範疇	內容
生活時間表	展示各班共同建立的生活時間表 每周於一周一會進檢視
別有洞 Tin	主要自學平台 童創、童玩、同樂的一站式互動自學的探索區域 整合了本校及坊間活動資訊 回顧學校過往的精彩活動影片 部份節目需要完成挑戰活動，獲得解鎖，才能瀏覽
STEM UP	趣味十足的科學科技資訊 培養新世代對 STEM 的認知和興趣 成功參與活動，解鎖「別有洞 Tin」中特別節目
悅讀尋夢	照顧同學的不同閱讀需要 可參閱校內或坊間的閱讀推介，包括電子書、繪本動畫、有聲書等
互動傳送站	以一站式行事曆方式將校本及坊間的線上活動整合 供學生按日期及興趣自行參與
線上漫遊	透過影片、VR 科技或 360 角度，學生安坐家中也能瀏覽海外、內地、本地或校內的場景，包括自然風光、博物館、藝術館等 老師分享旅行心得，透過相片、影片、文字等，擴闊學生的視野
我都做得到，技能解鎖展示區	每周有不同的挑戰項目 各級別同學都可參與，具強互動性 利用 Padlet 展示挑戰成果
體育小 Tin 地	包涵運動教學和挑戰，幫助學生在暑假期間保持健康體魄 設有運動挑戰龍虎榜，供學生展示挑戰成果
智優 Tin 地	讓學生發掘高難度知識的自學平台 設有小測驗，學生可自行測試自學後的表現
NET Channel	與 Net Teacher 線上學英文

範疇	內容
桌遊 Tin 地	由駐校社工介紹桌上遊戲的玩法,可於家中進行的親子活動 介紹桌上遊戲的玩樂資訊 定期舉行校內在線桌上遊戲活動,學生自行報名參加
家長抗逆加油站	集合疫情期間的抗疫資訊 提供平台讓家長分享生活小點子,如分享冷笑話、寵物情緣、管教點滴等

整個假期版的自學平台,加入了遊戲化學習的概念,借鑒遊戲的設疑、挑戰、自主等理念,把教學目標隱蔽於平台的自學挑戰活動中,學生完成部分任務後,可進行解鎖,繼續探索其他學習區域。從而使學習者在放鬆的狀態下,從樂趣中獲得知識、提高技能和陶冶情操。

後疫期:對家長的支援

面對疫情,家長不僅擔心孩子的身心健康,加上坊間多變的資訊,令家長有點不知所措。因此,我們希望系統地統籌校內和校外資訊,方便家長閱覽。其中值得一提的是我們在 Tinberland 網站內開設「抗疫加油站」,我們將收集來的抗疫資訊作出篩選和整合,藉此平台發布,成為「天循家長資源」的其中一個。我們亦理解家長在長時間的抗疫下可能已身心俱疲,於是拍攝了打氣短片鼓勵家長。我們還收集了外間的心理支援資訊,務求家長能一站式獲取所需要的支援。我們期望在照顧學生需要的同時亦能關顧家長的需要,讓他們知道即使面對疫情,學校仍不分時間和地域的界限,與家長並肩作戰。我們所提供的一站式資訊,甚至成為家長的後盾。當家庭遇到困難的時候,學校

也給予他們抗疫物資的援助，以解決燃眉之急，藉此鞏固
家校合作的關係，也達到「停課不停愛」。

結語

　　總的來說，學習知識和情意學習是相輔相成的關係。
在疫情後的自評問卷中，學生及家長對停課期間的學習都
有正面的回饋。這些數字實在令人鼓舞，同時讓我們看到
教學的一片藍海，是過往傳統教學未能做到的。特別是線
上教學對有特殊學習需要的學生似乎很有成效，因學生可
以在家反覆觀看自學短片或其他學材，鞏固所學。這種反
覆的學習過程對部份能力稍遜的學生來說，是非常重要的
學習歷程。

雖然疫情打亂了不少學校計劃，但同時為學校改進帶來不少契機。作為學校領導，只要客觀視察校情，準確把握時機，協調各科組的配套，把相關的經驗變為學校行政的規劃，就能帶領學校各持份者持續進步。以我校策劃這次「停課不停學，停課不停愛」的經驗為例，在疫情後，我們把上文提及的「好學‧吾學」教師學習頻道，重新整理成教師資源庫；汲取在線學習和實體教學的策略，把推動「混合式教學」作為新學年的教學策略發展目標；延續重塑學生學習習慣的計劃，與家長共同合力，堅持執行，都成為回歸正常面授課堂後的學校改進政策。這亦充分反映出由下而上的教師專業討論，透過適時的調整，靈活多變的政策，是香港過去的成功，更體現出教師們的專業性。

　　經歷了這次疫情所帶來的的教學的改變，讓我們發現，即使面對突如其來的衝繫，作為一個學習型的團隊，只要能凝聚我們的持份者，建立互信互樂的文化，將經驗轉化為知識，把握契機，將危轉為機，進行有系統的知識管理，啟動整個團隊參與，反而更能在危機中強化學校的正能量。

帶領線上、線下學生價值觀教育

滬江小學課程統籌主任
羅筱彤

　　滬江小學成立於一九八七年，是一間香港港島東區的津貼小學。學校的辦學宗旨是秉承滬江大學提供「全人教育」的辦學精神，以「信、義、勤、愛」為校訓，致力培養學生德、智、體、群、美五育均衡的發展，發揮他們的潛能，鍛鍊學生自學、自律、自尊、自信、自立、自強、承擔責任和獨立思考的能力，期望能夠培育守信義、知勤愛的社會下一代。學校實踐全日學制教育的理想，為學生提供優良學習環境，希望引導學生從群體生活中，學習辨別是非、判斷善惡、彼此尊重和互相接納等待人處事的態度，從而建立正確的價值觀及積極的人生觀。

　　經濟合作與發展組織（OECD）於二零一五年啟動了一項名為「未來的教育與技能 2030」的研究計劃，當中所制定的通用框架 -「學習指南針 2030」，強調如何利用知識、技能、態度與價值觀幫助學生實現在未來環境中的自我航向。滬江小學相信，要培育年輕的新一代，有效的學習就是將這四個面向的元素進行豐富的混合。學校的課程就是學生的整體學習經驗，因此，本校的課程不但涵蓋教育局香港學校課程架構的學習內容，更重要的是，教師應因應學生

的能力、需要和興趣，以及學校自身的條件及辦學理念，設計及發展一系列適合校內學生的校本課程，從語文教育到藝術教育，再到 STEM 教育，以「多重進路」及課堂內外互相配合的形式豐富學生的學習經歷，幫助他們更有效地達成學習目標。

價值觀影響每個人對事物的看法和取態，作為人們判斷對錯、抉擇取捨及行為態度背後的標準和原則。如果教育只著重建立知識及技能，而忽略價值觀的建立，就未能達到全人教育的最終願景。價值觀教育是學生確立正確人生觀的重要基石，本校通過各學習領域及學科課程的教學活動，以及其他相關的學習經歷，培育學生正面的價值觀和態度，期望他們能夠面對未來種種的挑戰。和其他學習領域及學科課程一樣，教育局已為推動價值觀教育定立框架，著重培育學生十種首要的價值觀和態度，包括：「關愛」、「誠信」、「堅毅」、「責任感」、「尊重他人」、「承擔精神」、「國民身份認同」、「守法」、「同理心」和「勤勞」。在推動價值觀教育時，本校採用「情意價值教學五層次」的教學策略，當中牽涉「接受」、「反應」、「評價」、「組織」和「內化」五個步驟，期望透過課堂內外不同的學習經歷，激發學生理性反思，進而自我反省，並在道德上自覺實踐。

小學各科涵蓋的學習內容既寬且廣，學校必須在各方面取得平衡，靈活運用時間，善用空間、環境和資源，方能取得更佳的教學效果。良好的課程發展有助學校開拓更多的學習空間和機會，而在現有的課程進行改革，是校長

及課程主任的角色，亦是工作上的一大學問。要做好課程統整，配合學校自身的條件相當重要。滬江小學的學生喜愛閱讀，也喜愛藝術。因此，在推動價值觀教育時，就利用了語文教育與藝術教育這兩大學習領域。

從跨課程學習・加強生命教育

生命教育是探索生命價值的根本，當中「年老」或「生死」這類議題對小學生來說較抽象亦較敏感。因此，本校將生命教育融入中國語文教育課程，以配合學生不同成長階段的學習需要，幫助他們建立正確的價值觀和態度，正面地面對人生中的生與死。我們同時希望學生能夠透過學習活動認識自己、接納及欣賞生命的轉變，學會愛惜生命、關懷及珍視他人。

整個學習活動由圖畫書《香蕉爺爺香蕉奶奶》出發，學生透過閱讀及觀察書中香蕉的變化過程，從而了解人類生命的歷程：出生、成長、年老，以達到體會生命之意義及存在的價值，進而培養尊重和珍惜自己與他人生命的情懷。教師同時透過不同的閱讀策略，例如：文本朗讀等，通過聲情語氣體會人物內心想法，加強學生的「情意學習」。「情意學習」包括情緒反應、對事情的感受、價值觀建立、自我反思等，學生在理解故事的內容後，透過主題討論及詩歌創作，從自己的經驗與情感出發，並得出結論。我們期望幫助學生多方面瞭解生命，學會關懷他人、懂得珍惜生命。整個學習活動不是將全新的學習內容放入課程，而是

將現有的課程與新的元素有機結合，自然聯繫。

從跨課程學習‧加強可持續發展教育

環保是現今文明社會的一大課題，因此，本校將可持續發展教育融入中國語文教育課程。學生透過深度閱讀成長小說《尋水之心》，從主角的經歷認識世界，明白珍惜水資源，積極求生和尊重生命的重要性。除了課堂活動外，教師更為學生安排體驗式學習活動，參觀位於天水圍的水資源教育中心 -「水知園」，讓他們親身體驗水的循環過程，在遊戲中學習，深入了解珍惜水資源的重要性，加強學生學習與生活的連結。過去兩年的疫情，雖然令學生回校面授上課的時間少了，但並沒有阻礙到教師與學生進行相關的學習活動。本校的教師善用科技，使用混合學習的教學模式，讓學生在線上完成部分的學習活動，例如，分組討論和蒐集資料等，回到學校，再進行更高層次的小組學習，加強整體學習效能。

從藝術到幸福‧加強同理心教育

過去兩年的疫情大大縮減了學生在學校實體上課的時間，學生少了和老師及同學互動交流的機會，無疑地影響了他們健康正常的校園生活。事實上，學校不單是學生學習的地方，同時是學生生活的地方，本校期望教師和學生均能與學校這個地方有更多的連結，既能提昇學生學習的

興趣和動機，亦能增加師生的歸屬感，令學習變得事半功倍。過去兩年極不平凡，教師和學生都經歷了前所未有的挑戰，從日常生活到學習，各種的轉變確實會令師生都感到焦慮不安、壓力倍增。因此，當教師和學生可以再次回到學校面對面上課時，本校把握機會，為他們拆牆鬆綁，創造空間，在課程上加入了一個全新的學習活動－「賽馬會創新教師力量：我想『童』行」，將同理心教育融入中國語文教育課程及藝術教育課程。教師安排多元化的學習活動，期望能夠從學生的感受着手，關懷低成就學生對學校的歸屬感，同時提升整體學生對於學校活動的參與感。學生在參與活動的過程中掌握與人相處的技巧，學習易地而處，考慮別人的處境及感受，尊重不同的意見。相關的學習經歷不但能夠培養學生創造能力、協作能力及溝通能力，更重要的是促進了師生及生生的深層學習，增加了師生間的互信，從而建立平等共融的校園文化。

教師和學生一同參與學習活動，並製作大型藝術作品。

從語文學習・加強情意價值教育

　　傳統的中華文化著重優良品格的陶鑄，並把立德樹人

定為教育的基礎。文化是語文的重要構成部分，認識文化有利溝通，也有利於文化承傳。中國歷史悠久，文化源遠長流，而中國語文的學習材料蘊含着豐富的中華文化元素。滬江小學相信，語文學習和文化學習可以同時並行。本校從二零一九年開始積極推行校本中華文化及文學課程，當中的校本中華文化及文學冊更是由本校教師設計，內容取材主要參考教育局《詩文朗誦教材系列（一）—— 標情結響詩文朗誦分享會 2009 實錄》、《積累與感興：小學古詩文誦讀材料選編（修訂）》、《積學與涵泳 —— 中學古詩文誦讀材料選編》及施仲謀等編著《中華經典啟蒙》。教師挑選了文質兼美，聲情並茂的古詩文及中華經典名句，以題材、風格多樣化為原則，為不同能力、性向和興趣的學生，提供更寬廣的學習空間。通過學習古詩文及中華經典名句，我們期望能夠增進學生對中華傳統文化精髓的認識。透過吸收傳統經典智慧，培養良好品德情操，提升語文素養。

除了學校的課程，校園氛圍亦是學校教育重要的部分。本校在四樓的課室外設立中華文化廊，除了用作展示意蘊深遠的中華經典名句外，學生亦一同參與創作，利用書法配以圖畫，表達他們對中華傳統文化的感悟。我們相信學生經常接觸優秀的中華文化，有助學生養成高尚的品格、通達的思想，而這亦是中國人生活價值之所繫。

　　「天行健，君子以自強不息」，面對未來，作為教育工作者，我們必須心存謙卑的態度，努力不懈，終身學習。作為課程領導，我們更要高瞻遠矚，聚焦發展，以變迎變，除了掌握教育發展的新趨勢外，更需要集合校內教師團隊的力量，反思及優化學與教，並按着學校自身的條件及特點，推動課程和教學變革，為學生提供多樣性的學習經歷。而隨着科技的發展，「混合式學習」模式必定成為日後的大趨勢。在後疫情的時代，我們必須重新檢視學校現有的學與教資源，選取合適的課題和教材，整定合適的改革步伐，按步就班地規劃、執行和檢討，結合線上自主學習和線下面授的優勢，共同為學生創造更好的學習體驗，提升學與教效能。疫情總會過去，雨後總有彩虹，只要師生每天力求進步，剛毅圖強，成功必可期，大家共勉之。

孩子的福祉：家校合作提升孩子的情意教育

港大同學會小學
黃桂玲校長

踏入二十一世紀，資訊急速增長，隨着網絡世界的發展，人們可以隨時隨地找到豐富的資料，因此，傳授硬知識再不是學校教育的唯一功能。2019 年經濟合作暨發展組織 (OECD) 發表了「學習指南 2030」(OECD Learning Compass 2030) 當中勾劃了未來教育的方向，藉着培養所需的知識、技能、態度和價值觀，讓學生能處理因環境的轉變帶來的彩力，以負責任的態度及能力去面對挑戰，創造新的價值觀及方向，目標是建立個人及群體的福祉。「福祉」(Well-being) 簡單來說是幸福感，所指的並不是表面的或物質的快樂，而是人在自身，包括身心健康、良好社群關係、發展興趣、追求生活意義及參與社會或環境各方面獲取的滿足感和正面情緒，這福祉有助人們面對逆境和挑戰。

最近兩三年因疫情影響，全世界人們除了要努力在生活上學習不同的防疫方法，更要隨時迎接疫情帶來的轉變，包括生活模式、工作和學習模式等，大家都要適應及跟上這個「新常態」，而大家愈來愈發現，只有硬知識不足以讓我們有能力面對轉變或在轉變中獲取安全感、滿足感和快樂。此外，更多的研究發現，疫情下孩子的個人情意及社

交情意發展深受影響——我們的孩子在過去兩年多經歷了一段又一段的停課復課，孩子們，特別是小學生在網課時很多都不能專注，未能培養自律或自我管理的能力，又因為長期不能回校上課或有恆常的社交群體活動，孩子的社群能力和情緒管理都有出現偏差，影響了身心發展及福祉。

港大同學會小學自創校以來着意提供優質教育，重視學生全人發展及福祉，努力培養學生成為愉快負責任的學習者。學校藉着推行生命教育和班級經營等，多年來建立了愉快的校園生活。學校是一個包含所有持分者的學習社群（Learning Community），而家長一直都是學校的重要夥伴和持分者。學校近年採納了正向教育為其中的發展重點，透過家長教育和實踐，提升了家長與學校的合作層次；家長們明白學校團隊不單重視知識傳授，更關心學生身心和社群情意的發展。經過多年家校的努力，家長是學校的同行者和支持者，在組織上家長教師會發揮了組織和搭建支援的平台，幫助家長為孩子培養良好情意教育；另一方面，家長也是孩子的觀察者和見證人，親身感受孩子全人的成長。

以下我們四位家長分別就家教會功能及個人的觀察，分享共同培養孩子福祉的點滴。

學習 服務 實踐 ── 孩子的楷模

黎嘉茵女士
(2018-2020 第八屆家教會主席 李泳廷家長)

　　2018 年末，學校和家教會開始構思在 2019 年 5 月 4-5 日，一連兩天舉行的「陽光校園嘉年華」。嘉年華內容非常豐富，有義賣，攤位遊戲，充氣彈牀，爆谷車及雪糕車等等。籌辦攤位遊戲最需要人力資源，而最大挑戰的是嘉年華當天恰巧有三分之二的老師要參與正向教育課堂，攤位遊戲的重任就交託在家教會身上。如此，也正讓家長展示學習、服務、團隊合作和實踐的好榜樣。

　　籌辦開始，家教會以班為單位，招募各班家長參與籌辦攤位遊戲。最後，在全校 24 班當中，有 13 班家長報名參與，反應之熱烈也令我們很驚訝。各班家長都以正向教育為主題，構思他們的攤位遊戲。在家長們的攤位遊戲設計中，都充份展現了對正向教育的認識及理解，例如以「性格強項」設計各種遊戲，反映家長們對正向教育的融會貫通。事實上，學校經常舉辦家長教育工作坊，以致正向教育能夠在校內及校外相互配合，成效倍增。

　　除了攤位遊戲，家教會預先安排了髮飾製作及扭氣球工作坊，得到大量家長支持。家長們都發揮了性格強項中的「創造力」及「好學」精神，製作大量髮飾及可愛氣球在嘉年華義賣，為嘉年華增添熱鬧氣氛。適逢學校正在擴建新翼，義賣的收益全數捐給學校。

在嘉年華當天，共有 300 位家長（接近全校半數家長）負責不同的攤位。家長們非常努力，在遊戲中為來賓帶來正向訊息和體驗。校內各處人頭湧湧，非常熱鬧。雖然天氣陰晴不定，仍然無損大家的熱誠。嘉年華最後順利圓滿結束時，家教會感謝家長，家長們反向表示「感恩」，感謝我們的信任，讓他們有機會參與這盛事。家長們更表示在籌備過程中獲益良多，提升了各班的團隊合作精神，溝通及應變能力，連親子關係也變得更為密切。

「陽光校園嘉年華」的成功，是學校、家長和同學上下一心的成果。感謝學校給予服務的機會；感謝學校對家教會的信任和賦權。在充滿正向教育的學習環境中，家長們除了無私地付出，還常存「感恩」之心，實在是情意教育的成果，「正向」極了。

陽光校園嘉年華

家長義工製作義
賣禮品

家長帶領攤位
遊戲

幸福家長 —— 與孩子同成長

梁起鳳女士
（現任家教會主席 孫樂然家長）

我想各位家長和我的感受一樣，同為港同小學的家長感覺特別幸福，這是為甚麼呢？

因為不但小朋友可以愉快地學習，家長也有多姿多彩的學習機會。

從小一開始，學校和家長教師會 (PTA) 便安排各式各樣的活動、講座和工作坊給家長持續學習和聯誼的機會。正是學校播下的這一充滿正能量種子，讓我們明白到學校的教育理念，深入認識正向教育的重要性，讓家庭教育目標和學校保持一致。作為 PTA 主席，我和一群熱心的家長執委相信，家長也需要有幸福感和支援，才能幫助我們的孩子健康成長；因此我們努力帶動家長們舉行各種有意義的活動，並且很自然把正向教育融入當中。例如，恆常的家長讀書會，我們會選擇一些有趣的育兒書籍，讓家長一起閱讀，然後透過分享會，大家討論書籍內容，如何正面教導孩子，增進良好家庭關係及保持家長精神健康。我們也會帶同書籍和家長一起爬山，進行戶外閱讀，從自身感受出發，向孩子傳遞閱讀和運動的興趣。

疫情期間網上的家長學堂，更是大受歡迎。家教會邀請了不同界別及有經驗的兒童心理學家、醫生、正向教育導師等來跟家長分享心得，大家可以安在家中與不同的講

者互動。在這壓力「爆煲」的疫情期間，大家互相幫助和鼓勵，對家長來說，實在是一支強心針。除了讀書會和家長學堂，我們還有小棟樑計劃、正向教育工作坊、家教會旅行、班父母活動、親子 lazertag、爹哋魔術、扭氣球活動、疫情感恩藝術班、正向嘉年華等等。多元化的活動令家長關係密切，大家就像一個大家庭一樣，不分彼此，每當家教會舉辦活動時，家長們都踴躍參加。這些活動不但令家長們建立了寶貴的友誼，更重要的是家長們對學校正向教育的了解越來越深，甚至已經植入家庭生活的一部份。

孩子的學習固然重要，但是我們不應只注重孩子的成績而忽略其他方面的發展。我們當然希望我們的孩子身心健康，學會思考，全面發展；而愉快的學校環境和家庭環境對孩子的成長也是很重要，如果再加上學校和家長好的引導，我們的孩子成長會更健康，更出色，更正面和有能力獲取幸福。

作為港同的家長，非常感恩可以在一所注重家校合作的學校和孩子一同成長。

家長的挑戰

馮裕基先生
（馮國熹 馮妍晞家長）

　　相信作為父母的，每一位在教育小孩方面都經歷過無數的喜怒哀樂，困難與挑戰，尤其在疫情的關係之下，小朋友要留在家中上網課，當中遇到的困難或衝突更加大。大家又會以甚麼方法去解決和避免呢？

在職家長面對排山倒海的工作，回家後已經疲累不堪，而作為家庭主婦的媽媽，每天面對永遠做不完的家務，照顧小孩的工作亦更見艱辛；很多時候因着忙碌的工作，我們都會不期然地忘卻了作為父母對孩子的初心——對孩子的愛和關心，亦忽略了小朋友的感受。作為父母都會重視子女的學業，每當看見考試測驗分數未如理想時，我們很多時會以責備來表達父母內心的不安，子女亦當然只能捱罵，心裏不是味兒亦沒有機會解釋。因為越解釋，父母會罵得越激烈，子女會覺得不被了解，父母與子女的關係亦可能因此被破壞。我經常反思，當我「火遮眼」的時候，我對兒女的愛和關懷究竟去了哪裏？很多時候我們想把事情做好，但我們的表達方式成效如何呢？

傳統中國人父母的觀念比較嚴肅，但現今社會資訊發達，小朋友能夠接觸多方面的資訊，傳統父母的嚴肅，單向溝通模式未必合適。父母與子女的關係要能夠做到真真正正的亦師亦友，必須跳出傳統框框，學習多欣賞、多了解、多感受小朋友的內心世界。

隨着子女入讀港大同學會小學小一，我參加了一個名為 [小棟樑計劃] 的活動，從中我學習到以遊戲方式與小朋友相處，令小朋友從遊戲當中學懂規則，遵從指示。我發覺原來要小朋友聽教聽話並非一副嚴父的樣子才能做得到；那時正值港大同學會小學推行正向教育，令我開始認識正向教育，以及反思與小朋友相處的模式和教導的方式，亦讓我有機會跟子女一同學習，一同成長。漸漸地，自己

亦習慣以正向思維處理小朋友的成長問題，也關注自己和子女的情緒狀況。唯這個過程並不是一帆風順，我們亦有時候發怒和責備，但我們發現其實小朋友就像我們的一面鏡子，當我們大聲責備小朋友的時候，小朋友只會模仿並大聲地去回應，漸漸就會變成一個惡性循環。後來我慢慢學會先聆聽小朋友的內心世界，讓他表達感受，而自己亦先讓情緒停下十秒鐘才繼續處理發生的問題。當我們以正向而非批判性的說話和態度了解小朋友的時候，小朋友的回應亦因而有改善，親子關係亦得以親密。現在，我和家人學習以正向思維和言語主導小朋友教育方式。

作為父母都是為孩子無私的付出，用愛來培育他們成長，我們應以身作則，以正向的思維作為小朋友的榜樣，多關注他們的情緒和需要，讓孩子感受到他們被重視，感受到父母對他們的愛；信任和溝通增加了，減少了衝突和質疑，小朋友便更加樂意接受父母的意見。

父子同接受挑戰

疫情下的豐盛

姚蔚然先生
（姚沛霆 姚沛逸 家長）

一年級小棟樑計劃 迅速建立家校合作的基礎

港大同學會小學的家校合作一直做得很出色，當中一年級的小棟樑計劃起了很大的作用。2019 年九月我的兩個兒子 (孿生子) 入讀小一，那年遇上了社會事件，後來又因疫情而停課了好幾個月，學校堅持舉辦小棟樑計劃，讓家長們通過活動不但更迅速了解學校的教育方向，而且可以與其他家長，老師和小朋友之間建立更深厚的感情，加上學校的班級經營，讓孩子很快就建立了歸屬感。

在孩子的成長過程中，我們很幸運，學校一直與我們同行，並經常與我們分享培養孩子的心得。其中有一次黃校長的分享，提到當孩子通過努力取得進步和成果時，當中所獲得的喜悅和成功感都是非一般的，所以也鼓勵我們兩名孩子參加校際朗誦節的英文朗誦比賽。

因為在學校，無論是網課或實體課，我們觀察到老師一直花很多心思，以生動的手法教導小朋友，使他們對科目產生興趣。老師們的不斷鼓勵和給予機會，也提升小朋友的自信。而且太太在學生年代也是朗誦比賽的冠軍常客，回家後也懂得引導兩名孩子練習朗誦。雖然沛霆一直受着聲沙和發音不準確的困擾，但在家、校和孩子三方面的不

斷努力下，我們上周更獲得學校通知，沛霆在今屆的校際朗誦比賽拿了第一名，這絕對是長年家校合作的成果！

閱讀興趣和習慣

我們十分感恩，學校營造了一個真正良好的閱讀文化和氣氛。在疫情期間，兩兄弟有更充裕的時間閱讀，而且閱讀範圍也很廣。我和太太觀察到閱讀除了使他們的知識面更廣闊之外，我們也留意到他們漸漸培養出「創意」(Creative)、「想像力」(Imagination) 和喜歡「表達」(Expressive) 的性格特質。這方面我們是十分欣賞，珍惜和喜出望外的。根據孩子們的性格特質，太太鼓勵和引導兩名兒子參與寫作。疫情期間，兩名兒子聯同其他小朋友，總共出版了六本書。每當孩子的作品能出版成書的時候，他們都很有滿足感。

正向教育和品格培養

學校推廣的正向教育一直做得十分出色。還記得在二年級的家長會上，班主任向家長們介紹正向教育。當時的主題是「感恩」，「關心別人」，「分享」和「欣賞別人」。作為家長，我們聽從班主任的建議，每週和小朋友分享感恩的事情。疫情下的每個週末，我們一家還是會預留最少半日的時間，一起去不同的地方玩。親子探索，使孩子們可以活潑開朗些，也可以增進親子關係。

有一次我們去參觀稻米田，途中見到一個伯伯在繪畫。當所有途人都只是安靜地觀看，突然沛逸説：「伯伯，我覺得您畫得好靚呀！」伯伯由原本一臉認真在畫畫，突然展露燦爛的笑容，並和小朋友交流畫畫心得。

回程時讓小朋友挑選小食，三個小朋友都爭相讓爸爸媽媽先吃。而吃豆腐花的兩位弟弟（沛霆，沛樑）和吃魚蛋的哥哥（沛逸）説：「可唔可以請我們吃魚蛋呀？」

沛逸説：「可以呀！」

媽媽説：「但係你剩返兩粒，請咗兩個細佬食你就無晒㗎啦！」

沛逸説：「無所謂啦，魚蛋真係好好食，所以想請佢哋試吓。」

回程時沛逸主動向我們説：「多謝爸爸媽媽帶我哋去稻米田，我哋真係好開心！」

在回程路上大家分享這週一件感恩的事，沛霆説：「我好感恩哥哥將佢最後一粒魚蛋分享比我，真係好好食㗎！」

雖然疫情仍在，我們十分感恩學校對孩子的品格培養。能看見孩子漸漸學懂感恩，亦懂欣賞身邊的人和事，真的是無價！

志同道合的港同家長

2022 年 3~4 月因應疫情學校要放特別假期，一班熱心家長便主動安排小朋友每天有 1 小時在線上相處，藉此保持學生間的社交聯繫。最初有家長負責帶動小朋友在 1

小時內共同做功課和解答問題，之後又有熱心家長親自分享一些有趣的物理和數學主題。在假期的最後兩星期，有家長竟然找到一些專業人士和星級嘉賓向班內小朋友分享他們的經歷，包括有臨牀科學家 (分享消化和益生菌)，有感染和免疫系統的專家，有數學家，有博士介紹 AI 和 Machine Learning，有教授級的 Chief Scientist 分享他在南極的研究工作等。

我們為孩子們感到幸福，能夠得到這些星級嘉賓的分享和啟發，更感恩有一批志同道合的港同家長，在孩子成長的過程中互相扶持和無私的分享。

我們一家參觀稻米田，當中我們觀察到孩子漸漸學會感恩，分享，關心和欣賞別人

結語

　　有諺語說：要培育一個孩子要用盡一條村莊人的努力。家長多年來與學校同行，不但展示了高度的組織和動員力，更能因着環境改變而推出配合學生和家長的豐富活動，展現積極及創新精神。在這疫情反覆的日子，孩子們多被困在家，情意及社群未能有合適的機會去發展；作為家長面對自己角色及工作的要求，相信也承受了不少的壓力。我們體會到家長的挑戰，更欣賞家長的反思和求進步；還有家長把學校的理念和教導方法融入日常生活中，實在是我們老師的榜樣。在新常態日子中，我們未必能掌握會遇到甚麼挑戰，唯深信在家校合作，以至家長與家長間的互相支援守望下，我們可以幫助孩子的全人發展，共同為孩子的福祉努力！

港大同學會小學

From Me To We：締造學生、 教職員和家長的正向幸福

香港聖公會何明華會督中學

今天正向教育在何明華會督中學，已成為學生、教職員，以及家長們的共同語言、文化和願景。回顧數年前，我校教師先後前往荷蘭及芬蘭作教育交流，並到澳洲認識正向教育，與一直致力推動正向教育的「北山堂基金」及本地不同學校進行交流學習，逐步將正向教育理念引入我校「創意價值教育課程」及日常教學，更推展至家長教育。從外在理論到內化實踐，共同締造正向氛圍。這一切有賴各個持分者互相配合，發揚「From Me To We」的精神。即使在疫情肆虐期間，正向幸福依然圍繞着何明華這個大家庭。

學習正向教育之初 —— 校長與教師領導

2017 年，我校教師親自到達荷蘭與芬蘭進行交流學習，認識到一群創新教育的專家，了解當地教育體系，感受文化氛圍。2018 年，更到澳洲 Geelong Grammar School 認識正向教育。過程中，我校教師發現當地師生建立融洽互信的關係，每位學生都能愉快學習，自主性高，學生都成為課堂的主角。而這種成功的教育，源於一種教育理念 —— 正向教育。所謂正向教育是指「透過全校參與模式，

實踐及持續發展有關健康與幸福（well-being）及活得豐盛（flourishing）的科學原則。」教師們有深刻的反思，認識到「開放」、「信任」、「平等」的重要。

教師到荷蘭與
芬蘭交流學習

於是我校隨即展開一系列的正向教育旅程，希望能為學生學習和成長帶來裨益。當中，包括「正向旅程培育」計劃，讓學生參與高難度的外展訓練，認識自己的品格強項，建立自信和團隊精神；「正正得正」計劃，透過課堂及活動，培養學生建立成長型思維，促進他們在學業和生活，都能擇善持恆，積極求進，健康成長。此外，透過不同的教師發展活動，讓教師學習不同的理念與方法，汲取經驗，在課堂上實踐。

中四全級學生參與高難度挑戰

讓教職員先體驗經歷 ── 「同理心」

　　「同理心」是一把開啟人與人之間心窗的鑰匙。要了解學生學習的經歷及感受，我們理應易地而處，體驗經歷。2017 年，我校讓全體教師參與「正向旅程培育計劃」，經歷高難度的歷奇挑戰，嘗試代入學生身分，感受他們當中的心路歷程，了解學生學習時所遇到的困難，反思日常教學的方法。

　　2021 年初，正向教育組為教職員設計了一個別出心裁的教師發展旅程，一連三天，以細味生活為主題。活動讓同工一同去學習和經歷正向教育，讓教師重拾教學的初衷。當中一個環節，所有教職員搖身一變成為學生，拿着一張學生證到被指派的課室學習一個新技能。誰知打開課室，發現授課的竟是自己從前的學生。這群在不同範疇閃閃發亮的舊生，耐心地指導老師們木工、咖啡拉花、打鼓、護

理、攝影及運動技巧，鼓勵老師勇於嘗試、享受學習過程。指導結束後，學生分享自己的學習經歷，感恩不同老師對他們生命的影響，令老師深深感動。同時讓老師重新思考教學真正意義，理解如何透過「實踐」、「體驗」和「反思」的學習模式，幫助學生成長。

一連三天的正向
教育教師發展
旅程

創意價值教育課 —— 學生品德情意的內化

　　為關顧中一學生的需要，我校特意為他們設計「玩‧創‧隨意門」創意價值教育課程，為學生開創「開放」、「信任」、「平等」的學習空間。課程分開三個學段進行，每個學段主題循序漸進地引導學生學習。學段一主題為「認識自己」，通過不同活動，如手藝創作、戲劇肢體動作、永續設計等，讓學生認識自己和身邊同學，發揮品格強項，建立自信；學段二主題為「照顧他人」，讓學生設計課室，共同思考如何創建一個關顧大家需要的學習環境。過程需要從「我」到「我們」，發揮大家優點，取長補短，互相合作，與師長和朋輩溝通，學會溝通技巧，建立社群關係；學段三主題為「關顧社區」，學生需要就一個議題思考社會問題和建議解決方法，例如動物權益、老人需要、惜食、貧窮等，建立「我們」的公民價值。

　　創意價值教育不只是課堂實踐的體驗，更是品德情意的內化。疫情期間，一些學生有見社區的清潔員默默為社區付出，卻缺乏全面的保護措施，於是他們主動向學校提出幫助社區的行動，希望為社會出一分綿力。他們把不少口罩、酒精搓手液等防疫物品，利用課餘空閒時間派發予

附近社區有需要的人士。雖然疫症無情，但人間有愛。我
們的學生就將課堂學習到的正向理念，傳遞到社區有需要
的人，發揮「From Me To We」的精神。

正向關係 —— 師師、生生、師生、家校之間提升抗逆力

我們相信正向關係能使教職員及學生增加生活的快樂
感，減輕焦慮和抑鬱，更能夠幫助大家建立外在資源，獲
到別人的支持和幫助，提升抗逆力。因此，不論在半日面
授課期間，還是網課期間，我校教師都希望能夠以各種方
法與學生及家長聯繫。

課堂之間的相互關顧 —— 全民皆兵

停課期間，除了要確保學生能夠持續學習，我們亦要
特別關注他們的身心靈健康。疫情影響學生正常的課堂
學習，也改變了他們的生活規律、社群關係、人際溝通的
模式，免不了會產生出不同的成長問題。雖然停課令師生
減少實體見面，但我們善用網上平台及外間資源，拉近師

生距離。透過多元學習支援及成長活動，讓學生在疫情下得到全面照顧、持續發展，也增加教師對同學生活情況的關注。

各科老師要由面授課堂轉變成網課初期，面對了各色各樣的挑戰，但老師並非孤立無援。我校老師之間能發揮正向關懷的精神，互相扶持。過往電子教學可能只局限於某些科目，如今全民皆兵。從前不敢突破的框框，現在老師們都嘗試找方法衝破困難，務求在有限的教學環境下，讓同學如常學習。正是停課、網課的歷練，讓師生在自學、電子學習等範疇的技能得以提升。「不怕挫折」、「擁抱挑戰」的成長型思維，成為了師生共同學習的思維模式。

課時減少，加上學生家居環境未必適合學習，有些學生上網課份外困難，老師在上課時不忘照顧學生感受及需要。開始課堂前，老師會先讓學生清楚明白每節課堂的目標，部分老師更會與學生分享勵志名言、歌曲及影片等。同時，亦會預留空間讓學生進行反思、課堂總結學習、使用聊天室與學生保持聯繫，了解每位學生的學習進度。同學在網上實時作答期間，老師能夠即時看到學生的作答過程，更能明白學生的困難，對症下藥，提供支援及回饋。

關愛班級早會移師網上 —— 感受師生同行

我們知道疫情進行網課對學生影響深遠，因此我校爭取機會進行網上班主任課。雖然透過網上與學生進行維繫實屬不易，但班主任們仍努力分工合作，以不同的方法與

學生連繫。慶幸的是早於三年前，我們已進行 RAM 班級早會，由班主任按班內同學的成長需要（社群關係、學習心得、品格建立等）自設活動，對班內學生的問題、所需支援早已熟諳。

網上班級早會

　　疫情期間，老師們更設計了一系列的網上材料和資源，把 RAM 移師網上，當中包括互動遊戲、主題分享、生活反思等。除灌輸成長知識，也為同學帶來共同話題，讓他們表達生活近況及個人看法，從而提升溝通技巧及建立人際關係。例如：《擁抱生命一小步》主題活動，我們運用綠匯學苑提供「樂活善行」的教材，幫助同學建立「正念

進食」、「靜心聆聽身邊環境」和「感恩」的習慣。就這樣，我們打破地域界限，展開師生溝通及交流。不知不覺間，RAM 班級早會已成為我們每一班不可或缺的部份。班主任會根據班本情況設計早會內容，無論是認識、表達情緒及善意溝通，還是訂立目標，學生都能感受班主任的支持與同行。

Instagram 開設「#疫情都要過得好」系列

除了師生關係、同學互相關懷，團隊凝聚正能量同為重要。今年三月時突然而來的特別假期，令家長、學生及老師也措手不及。我們知道學生又要經歷一次轉變，心情定會受影響，於是一眾教職員在 Instagram 開設「#疫情都要過得好」系列，希望透過網上社交平台連繫學生。貼文包括信仰分享、運動練習、感恩信息、小食製作等，與學生分享正向教育小貼士，鼓勵他們好好照顧自己及身邊的人，積極面對疫情下的生活，建立健康的生活習慣。部份貼文更由同學設計，讓同學發揮創意及強項，將祝福帶給他人，由校園散發至不同角落。

　　同時，因着疫情中六同學未能和好友及師長們好好道別，加上應考文憑試的緊張情緒，承受着排山倒海的壓力。為了替學生打氣，教職員特別合唱 Mirror《One and All》製成影片送給他們。我們亦舉行網上祈禱會，為中六同學進行禱告。不同級別的同學亦透過 IG 平台鼓勵及支持中六師兄師姐，讓中六同學知道 We are one and all！

教職員大合唱，為了替學生打氣！

陽光電話問候送暖

正向教育締造的幸福，不止限於師生之間，更需推廣至家庭氛圍。第五波疫情嚴峻，部份學生及家長更不幸感染新冠病毒，需要接受隔離，改變了大家的日常生活規律、社群關係、人際溝通的模式。因此停課期間，老師們既兼顧教學，也積極運用網上平台及外間資源，拉近師生距離。班主任透過陽光電話，聯絡每一位同學及家長，了解他們的情況，適時提供支援。學校收集有關資料後，將熱心機構及慈善團體所捐助金錢和物資，派發給有需要的家庭，以解燃眉之急。

這段時期，我們不但要讓學生「停課不停學」，持續學習，同時也不能忽視他們的「心靈教育」及「成長支援」。我們深信，學生要擁有健康的身心靈，才能持續有效學習，茁壯成長。適應生活的轉變，感受及反思生命的一點一滴，增添更多正能量！

何明華正向教育的共同起點，是我們一顆教育的初

心。正向教育從來不是一句口號，而是落地的實踐和關愛。推行正向教育後，我們看見的不只是師師或生生之間的互動，更是全校參與模式，即師師、生生、師生、家校之間的合作與支援。團隊一同見證及面對在教學過程中的挑戰，彼此同行，建立出正向關係。教師之間的每次的對話均可以感受到對學生成長工作的期待和興奮、對教學過程的回味。而學生、家長和教師之間的對話亦更顯頻繁，關係更為密切，共同締造出豐盛的正向旅程。

通過教學氛圍培養國民情意

香港教育工作者聯會黃楚標中學
許振隆校長

香港教育工作者聯會黃楚標中學座落在大嶼山東涌。東涌新市鎮是因應政府在赤鱲角興建香港國際機場而出現的，而我校便在東涌新市鎮首個公共屋邨——富東邨創辦，以照顧新社區的家庭，教育新屋邨的青少年。

一、安家而知國

1997 年，東涌富東邨居民入伙。這些家庭來自五湖四海，對他們來說，他們是從市區去了偏遠的離島。不過，他們落戶於此，在全新的社區裏，總算是有了「家」的感覺。

我校是香港教育工作者聯會（簡稱教聯會）創辦的中學，並與辦學團體的小學連結為「一條龍」學校。教聯會強調愛國愛港，重視教師專業。因此我校既注重學生課業，也提供學生全面發展的機會，更重視學生品德情意的培養。

學生們居住在這遠離繁囂的社區，有了安居的家，進入了我們這所重視情意品德、家國情懷的學校，得到國民身份的培養，進而更了解「國」。在我們的校園，身處課堂內外，不難感受到我校國民教育是點點滴滴、日積月累而來，不是通過一個科目去教授，也不是倚賴一個行政部門去推行。學生的國民情意，是通過多學習國史、多了解國

情、多關心國事、多認識國家發展而來的。

香港教育工作者
聯會黃楚標中學

二、課堂培養家國情感

學生每天在學校的生活，以正規課堂的時間佔最多。他們從上午八時到下午四時，忙碌地一節課接一節課，期間只有小息和午膳的休息空間。所以課堂之上，不同的科目必須彼此傳遞着共同的情意教育訊息，才能有效培養學生的國民身份認同。這方面，有些科目如中文、歷史和地理等相對較容易，再結合課後的活動，為學生提供更多的接觸和機會，才能事半功倍。有些科目則沒有相關的課題，便需要教師善於連繫，才能發揮效應。

培養學生的國民情意，首先從他們日常所接觸的語言文化開始。因此，中文科是最直接的科目去讓他們認識中華傳統優秀文化。教師在課程設計和課堂施教方面，通過

選取文章，令學生認識中華文化的核心價值。中國文化單元，主要教授儒、道的觀念，也簡介墨、法的主張，使學生認識這些哲學思想怎樣構成和影響我們今天的生活和對事物的態度。學生通過學習材料便能對孝、悌、忠、信等加以了解。學習《燕詩》、《木蘭辭》思考「孝」，《岳飛之少年時代》、《出師表》領會「忠」，《雙層床》、《背影》感受「親情」；《岳陽樓記》、《論語》聯繫「仁」等⋯⋯。教師在上課時，引導學生思考或直接講授相關內容，學生通過吸收和反思的過程，便誘發了他們的國民情意。

中國歷史科是初中學生的必修課。中華文化數千年來的演進、社會發展、中華民族的傳承，學生都能通過課堂加以認識。課程中有關香港發展的課題，學生在研習時便同時了解香港與中國歷史的相關性，認識香港由古至今與國家密不可分的互動關係。學生學習近現代歷史，能掌握今天世情的格局，增加對國家及社會的了解，建立民族認同感和對國家及社會的歸屬感。

除此以外，場景教學對於培養學生的情意也相當重要。每當有歷史大事紀念的學年，教師會把握這些機會，讓學生獲得不一樣的學習體驗。如中國人民抗日戰爭勝利75周年，正值疫情稍緩時期，我校便邀請了黃埔軍校後代來校向學生作分享，他們憶述自己父輩從學習到參戰的經歷，再通過圖片及文物展現當年的狀況。這樣生動的課堂學習，學生能夠更了解歷史細節，認識中華民族面對侵略時，百姓奮起抗敵的英勇精神。學生有機會與嘉賓分組詳

談，對於培養學生的承擔感有很大的作用。

黃埔軍校的後代，帶同實物給師生詳盡講解，吸引萬分。

　　近年在教育局的積極推動下，不少全港校際歷史文化問答比賽應運而生。學生在教師的鼓勵下，參與社會上不同的知識競賽活動，令學生通過輕鬆的形式，認識國家重要的歷史事件、政治演變、人物事蹟、民族發展概況、太空科技發展，以及社會文化面貌等。這些都進一步充實了學生的國民知識，而比賽活動更建立了學生的成就感。

榮獲「紫荊盃全港中小學生中國歷史文化知識競賽」中學組亞軍

音樂教育是初中學生另一個必修科目，教師在標準課程之外，加入了校本的課題，以提升學生對傳統文化的認識。為了讓學生多了解中國傳統民歌和近百年的經典歌曲作品，我校在各級的音樂課程中，設計了中國歌曲學習單元。學生能認識這些名曲的時代背景、欣賞歌曲的藝術性和親身參與演唱，通過音樂與國家百年來歷史發展緊扣。音樂課安排學生每月學習一首，通過演唱，增加對國家、民族和文化的認識，令他們提升個人情操、樹立遠大理想等優良品德。音樂教育把中華文化以至近現代國家的發展，通過樂韻去感染學生，建立他們的國家情感。

　　視覺藝術科讓學生學習繪畫臉譜，培養他們對傳統文化的欣賞。疫情肆虐期間，教師更鼓勵學生通過繪畫創作，表達對前線抗疫人員和染疫人士的感受。這些都能增加學生對國家與香港的聯繫，並增強學生對國民身份的認同。

繪畫臉譜認識
傳統文化

三、校園生活增強國民身份

校園是學生每天逗留最長時間的地方，從清晨回校，至傍晚才歸家，所以學校的教育是無比重要的。課堂內外，都是寶貴的學習場所，學生通過全方位的實踐和體驗，更能培養國民情意。

從升旗禮開始

自創校以來，不論社會上發生任何事情，升旗禮每周都依然莊嚴地舉行。學生和老師每周第一個上課日便參與升旗儀式。儀式由升旗隊負責，隊員穿着整齊的制服，精神抖擻。《歌唱祖國》奏響時，旗手舉持國旗，護旗在旗手兩側，齊步走向旗杆。《國歌》奏起，全場高聲同唱，行注

目禮。這簡單而隆重的儀式,凝聚了全校的國家情感。

儀式完結,校長、教師或學生代表等會作簡短而有教育意義的「國旗下講話」。內容包括香港社情、國家大事、世界形勢,以至古往今來的重要事項,師生在國旗下用國家民族的定位,去認識變化萬千的世界。因此,升旗禮其實是全校的國民教育課。這一課雖然是儀式,但也是課堂。

除了每周恆常的升旗禮外,特別日子或重大節日我們都會舉行升旗禮,當中包括了國慶日、特區成立日和元旦。這三天雖是公眾假期,但舉辦隆重升旗禮已是傳統,師生和家長都踴躍參與。國家與國民的觀念,便是這樣建立起來的。

每周升旗禮

集會上的國情社情元素

每天早上八時,全校師生便一同參與短短二十分鐘的早會。與國家歷史發展相關的紀念日會有主題早會,包括:

國慶節、中國人民抗日戰爭勝利紀念日、九一八紀念日、南京大屠殺死難者國家公祭日、全民國家安全教育日、五四青年節、特區成立日、七七抗戰紀念日等，內容包括相關的講話、分享或活動。師生能通過早會重溫歷史，珍愛現在。至於中國傳統的節日，包括春節、清明節、端午節、中秋節、冬至等，學生也可多了解傳統文化，承傳中國人的智慧。我校每天細緻安排的早會，內容不同，主持不同，卻是師生共同參與的晨課。

校長作早會主題講話

周會課的內容會更廣泛和詳盡一些，當中包括了與社會、國家相關的主題，而且還會邀請專家主講，讓學生多認識不同觀點。有些近年熱門的航天和科技發展的主題，如神舟飛船、航天員出艙、中國載人空間站「天宮」、嫦娥號登月、天問號探火星、C 919大飛機、無人駕駛、高鐵八縱八橫、蛟龍號深潛⋯⋯等，這些與國家現況息息相關的課題，學生都可在周會時段得以詳盡了解，而且也滿有興趣，對於國家的認同感大增。

內地交流感受國家發展

疫情肆虐之前，我校重視學生「讀萬卷書，行萬里路」的學習體驗。因此，每年上下學期，各以一星期為限訂立「境外交流周」，讓學生和教師在這一周內到境外不同地方學習交流。

學生這一星期的遊學，包括：準備、出遊、總結。每位學生在每次交流周去的目的地都不盡相同，組合有以班為單位，跨班同行，以專項研習分團等，全校數百學生傾校而出，在符合教育局一對十之比的要求下，教師職員差不多悉數陪同，組成了師生共學的好機會。

遊學團所到之處，多為重要的名勝古蹟、創新企業，或是城鄉發展所在，所以教師需在組織團隊前，醞釀所遊所學的內容，讓學生早加了解。學生出發前，必須先學習行程所涉及的知識和資料，然後分組準備，設計訪問或調查。行程結束前，學生便把握時機完成總結和報告，鞏固數天的經歷。

學生每年兩次到內地交流考察，讓他們有大量機會體驗各地的歷史文化，了解國情發展，增進國民身份認同，培養愛國情懷。教師親自帶領學生出遊，對於學生人格的養成和知識的建構，有非常重要的作用。

「疫」境中的線上雲端

除了境外交流周外，我校每年都讓學生和教師到內地

姊妹學校交流探訪，增進兩地師生的了解與溝通，認識兩地文化，提升教育素質和促進青年人的深入交流。

不過，因為新冠病毒肆虐，面對面的交流迫於停止。姊妹學校的交流便與時並進，變成線上交流，線下分享。過去實體的運動訓練和組隊參與地區比賽等，現時則變成了其他形式的線上合作。

就如 2020 年初疫情期間，我校便倡議向各姊妹學校合作徵集中英文和藝術創作，讓學生各自表達對這世紀疫症的感受和思考。及至同年五月底，各校作品合共二百多種滙集在一起，最後刊印給各校學生留念，見證這一世紀大事。而藝術畫作和書法等，更寄運到香港展出，實現了另一種的線下交流。

萬里同心 ——
中華少年抗疫圖
文集

其實，早在 2020 年初香港學校全面停課，學生已難得聚首上課。於是，教師發揮學生在音樂方面的條件，發展了「雲合唱」。通過線上平台，讓學生、教師、校友和家長一起合唱。3 月武漢封城期間，教師們用雲合唱的方式，

為身處武漢的人民獻上《黎明的編鐘聲》。這首歌經過教師和校友重新編排後，加上學生在線下演奏樂器，配合線上線下合唱，結果合成了一首表現形式豐富，參與人數眾多，展示了對內地人民的祝願和期盼疫情過去的作品。

雲合唱《黎明的編鐘聲》為武漢人民打氣

2021 年疫情雖然稍緩，但我們仍然無法與姊妹學校有實體的交流。於是，我校又與姊妹學校惠州市第八中學合作，以創意手法製作音樂視頻《今天是你的生日》，通過線上的合作，讓兩地學生以歌曲交流，同時表達對國家的情懷。

在金紫荊廣場及
香港文化中心等
處拍攝，與姊妹
學校合製《今天
是你的生日》音
樂視頻。

2022 年，香港爆發第五波疫情，全港學校都放了漫長的「特別假期」。這次學生、教師、校友和家長再一次通過線上形式，向前線人員致敬、向染疫的市民大眾慰問、向支援香港的中央政府表達謝意。這次選取了舊歌《鼓舞》，期盼疫情早日過去，國家和香港一切恢復如常。另一方面，我們和姊妹學校的接觸依然未能直面。但因應線上交流的發展，我們不約而同地收到全國各地的學校或錄製祝願視頻，或製作歌曲，為我們師生打氣。疫情縱使令我們有所阻隔，但線上發展，卻成了新的交流模式，更體驗了家國情誼。

師生選取舊歌《鼓舞》錄製視頻向抗疫前線人員表達慰問與謝意。

四、環境佈置營造家國氛圍

校園內外，我們對於建立家國情感，都有作適當的佈置。學生通過日常所見所觸，去鞏固他們的國民知識和身份認同。

首先，操場上每天清晨便升起國旗，使學生聯想到自己要好好裝備自己，日後發揮所長，服務社會，貢獻國家。

　　師生踏進禮堂參加每天的早會，同樣可見升起的五星紅旗隨風飄揚。學生回到課室，抬頭便看到國旗高懸在黑板之上，時刻提醒要好好學習，天天向上。所以，學校內每個課室和學習場地，以至教員室都展示了國旗，提醒每一位成員時刻盡心，不負社會國家的期望。

國旗在操場上飄揚，在教室內懸掛。

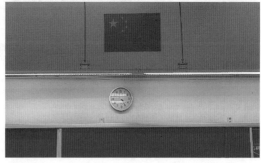

走廊牆上，分別懸掛了世界地圖、中國地圖和香港地圖。世界地圖讓學生建立世界觀念，知道國家在全球的位置。香港地圖，便給學生時刻提示自身所在。至於中國地圖，則貼在走廊的牆壁上，老師和學生可以談自己的家鄉，談交流到過的地方，也可談日後升學和發展。這幅國家地圖，便是最具象的家國情懷的教育。

地圖在身旁，培養學生放眼世界，背靠祖國的觀念。

學生每天踏進校舍大堂，便會看到三段有關志向、學識和恆心的名句。繼而在廊柱之上，又可見先哲的名言佳句，都是關於「禮」、「仁」、「義」、「孝」等為主，使學生舉目所及，可以細讀，從而培養國民身份認同。同樣校園圍欄，也展示了先賢名句，讓師生以至坊眾在經過校園時，能吸收這些關於國家、法治、守規等名言的哲理。

校園圍欄有名言，也有壁畫，給師生和社區作教育。

五、不變的情意教育

學校教育是全方位的，所以不單課堂之內有，課堂之外更多樣而豐富。我校能有效培養學生的國民情意，可概括為三方面：

全面建立氛圍：學生通過規範的學科課程，可以全面掌握國民知識。但日常學校生活，通過非正規課堂，如早會、周會及課後活動，提供不同的訊息，讓學生多方面多角度掌握國家和中華文化元素，從而建構國民身份，明確

國民定位。至於環境的建置，則使學生沉浸在具有中華文化的校園之中，使他們變化氣質，具備國民情意。

疫情間不分隔：學生在實體上課期間，通過學科可以從知識方面掌握，從校園氛圍感受，從師生互動中理解國民身份。但即使疫情期間，學校網課也沒因而減少相關的內容。特別假期之時，班主任每周都會聯絡班內學生，談談生活，關心成長，體現中華文化師生關愛的情誼。教師用心組織和策劃這些機會，把握國家和社會的脈搏，也能建立學生的情意和認同。

共同教育理念：要培養學生的國民情意，並不是一朝一夕的事。教師每天點點滴滴，細水長流，方能使學生受到啟發。所以，全校教職員擁有共同的教育理念，認同培養學生國民身份的重要性，實在至為重要。

綜合而言，在學校教育中培養學生國民情意，既是顯性，也是隱性。學生每天上課除了得到學科知識外，更多的卻是價值教育。因此，推展國民情意教育，也必能建立學生成為有志向，有理想的年青人。所以，教師的協力推動，才能得以發展。

一所照顧學生多樣性的中學：
展現未來教育的幸福校園

天主教慈幼會伍少梅中學
李建文 校長

　　新型冠狀病毒疫情打破了世界原有的秩序，全球經濟、政治、社會和文化層面都出現巨大的變化，改變了人民的生活型態。香港過去兩年，經歷五波疫情衝擊，教育界面臨前所未有的挑戰，全港中、小學和幼稚園陷入停課、復課的循環，對學生的學習造成長遠的影響。儘管如此，香港教育工作者在是次危機之中，培養和展現出強大的適應力，並預測未來發展，未雨綢繆，以應對多變的局勢。

　　疫情迫使學校多次暫停面授課堂，嚴重影響既定的教學和活動日程，網上教學成為新常態，意味着教育界正式踏入數碼時代。學校除了教導學生使用電子設備、掌握資訊科技能力外，也要培養他們的「數碼素養」，即知識、技能與態度的整合。因此，學校面對的挑戰不僅是學習模式的轉變及引入創新科技元素，更要將品德與情意教育融入新常態的學習。

數碼鴻溝加劇學習不平等

　　隨着科技和網絡的普及，學生花多了時間在網上學習和娛樂消遣上，我們應重視培育學生的數碼素養，包括搜

集、辨識和管理網上資訊的能力、透過科技進行互動和協作的技巧、理解資訊安全和責任、避免作出缺德的行為如網絡欺凌和散播不實言論，成為良好的數碼公民，與他人和諧共處。

香港大學「數碼素養360」計劃的研究指出，家庭的支援對學生培養數碼素養有一定程度的影響。疫情期間，弱勢家庭的學生在網上學習時，因家庭環境和設備限制而未能順利學習，例如沒有足夠的電子設備、網絡不穩定和網速緩慢等，導致學習進度落後，反映數碼鴻溝（Digital Divide）對學生的負面影響。數碼鴻溝指社會上不同文化、社經地位、居住環境的人，使用數碼設備和資訊科技的機會和能力上的差異。疫情促進了網上學習的趨勢，而網上學習凸顯了早已存在的數碼鴻溝，加劇學習不平等的現象。

疫情是社會每個階層共同面對的難關，學校應本着人文關懷，率先對有需要的學生伸出援手，致力縮窄學生之間的數碼鴻溝、照顧學習差異，將資源正向傾斜至有需要的人，讓每個學生都享有平等的學習機會。這個關懷之情如同分發出去的資源一樣，傳播給更多人，宣揚互助互勉的精神。

未來的宏圖

　　天主教慈幼會伍少梅中學為了適應急遽轉變的世界，並培育下一代成為未來社會的棟樑，早於數年前訂立了全新的學校發展政策，推行「未來教育」，以發展「未來學校」、「社區學校」和「幸福學校」為目標。

　　學校推行「未來教育」的核心價值是「Inspire」、「Innovate」和「Impact」，以培養學生求知、求新、求變的思維為宗旨。疫情多變，老師需頻密切換面授課堂、網上課堂和混合式教學的模式，雖然教學方式和策略改變，但老師教書育人的初心不會改變。老師特別重視照顧學生的學習多樣性，配合學生的身心發展，提供適當的學習機會，發掘和激發學生的潛能，幫助學生認識自我、裝備自己，為未來發展鋪路。

培育未來人才的三個「I」

　　老師的教學設計和課堂領導，是三「I」之首「Inspire」的重要元素，目的是激發學生的學習動機。老師選擇迎合

學生興趣和配合其能力的教材，並採用多元化的教學方式，提升學生的好奇心（Curiosity），激發他們的學習動機（Motive）。只有好奇才能鼓勵學生瞭解、投入和發問，將內在動機轉化成外在行動（Engagement）。因此，老師的教學和課程設計，對於推動學生持續學習、享受過程和取得成果尤其關鍵。當學生掌握了知識，完成目標並獲得成就感，學習動機會愈加強烈，變得主動、自發和積極地投入學習，最後培養出學習的習慣。

　　三「I」之二「Innovate」建基於人與生俱來的創造力，創造力包括創意及實踐，即 Creativity with ACTION，當中六個核心元素分別是：應用（Application）、協作（Collaboration）、轉化（Transformation）、整合（Integration）、觀察（Observation）和達成目標的方法（Navigation）。學校的教育基於 Creativity with ACTION 的原則，教導學生運用不同學科的知識和技能，以行動實踐創意。由於單靠個人力量難以實現目標，須通過與他人協作，提升效能。然後細心觀察和了解世界的需要，培養國際視野。從人的角度出發，將知識和技能轉化及整合，融會貫通，構思貼合現實需要、具前瞻性的方案，並制定達成目標的路綫，按部就班前進，最後創造出對未來社會有價值的事物。現今青少年並非缺乏創造力，而是他們的創意思維在成長的過程中，被社會的常識和規條漸漸磨滅了。現在大家終於意識到，創造力是社會發展的原動力，創新教育是改善生活及建構未來社會的關鍵。

最後一個「I」是「Impact」，代表 Values in Action。學校重視培育學生的人文關懷意識和社會責任，掌握創新技能固然重要，但了解人的需要和作出回應才是進步的真諦。學校與時並進，引入尖端的教學設備，為學生設計結合「人」的創新課程和提供相關學習經歷，鼓勵他們以人為本，秉持為人謀求福祉、貢獻社會的心，綜合和運用所學知識，以實際行動為有需要的人解決問題，實現以科技服務他人，為社會和世界帶來正面影響。

三個發展目標

透過推行未來教育，學校立志成為受社區及教育界肯

定「未來學校」、「社區學校」和「幸福學校」。「未來學校」引入創新課程和透過多元化的學習活動，讓學生體驗、學習和應用 STEM 及數碼技能，並設置各式各樣的實境學習場地，例如 iLab 創新實驗室為為學生提供人工智能、數據科學和編程等科技訓練；Designer Hub 創建基地激發學生設計思維，教導學生運用不同學科的知識和技能，以行動實踐創意；樂齡科技中心 Gerno Tech Park 希着是學生長者學習和互相交流的地方，本着「以人為本」的理念設計和應用科技，為改善長者的生活進行創意發明。

iLab 創新實
驗室

Designer Hub
創建基地

「幸福學校」方面，學校致力營造關愛的校園氣氛，接納和愛護來自不同背景的學生，讓他們在尊重與包容多元差異的環境中學習和成長。透過幸福校園政策和提供多元化的健康學習經歷，全面照顧學生的身心靈和社交健康，提升學生產生各方面的幸福感。

學校為實踐幸福學校，在校園內打造了「心臨」（SOUL SUITE），即「心動」貓舍、「心寧」靜觀室和「心程」竹林。貓舍收養了兩隻流浪貓，招募學生成為貓義工，讓學生透過照顧流浪貓，學習善待及尊重生命，實踐生命教育；靜觀室讓學生進行靜觀練習，讓身心靈得到放鬆；竹林是淨化學生心靈的綠化走廊。

「心臨」包括心動、心寧和心程

作為「社區學校」，透過資源共享與社區聯繫，學校內的每一位成員皆關心及了解社區。同時，學校善用社區資源，推動服務學習，為學生提供更廣泛和多元化的學習機會，協助學生成長，鼓勵學生學以致用，運用所學技能回饋社區。

與社區的聯繫

　　學校與社區、社會人士及外間機構保持緊密聯繫，為學生提供多元化的學習經歷。通過社區服務增加學生自信、提升社交能力及培養同理心，同時鼓勵他們積極參與社區事務和關注社區的需要。

　　學校健身室設立的「健身電生 —— 梅記發電站」融合了運動與節能概念，踩動單車時會產生動能，而運動能源會隨之轉化成電能。學生在使用單車的時候會記錄產生的電能及相應的電費價值，而學校會根據累積的發電量，於社區上尋找有心人捐助相應的金額，以資助區內弱勢家庭交電費。學生踩單車除了加強自己身心健康外，還能以此作為幫助他人的行動，時常保持個關懷別人的心，並長久發展下去。此外，學校參加了「關注血友病·全城為你加油」活動，透過組織師生累積踩單車時數及里數，表達對血友病病人的支持。活動讓學生關注不同弱勢社群，並透過體能活動培養身體、精神及社交健康。

師生共同參與
「關注血友病·
全城為你加油」
踩單車活動

香港人口老化問題日趨嚴重，市民晚年生活質素備受關注。學校預見到下一代將會接觸更多長者及面對人口老化帶來的社會及經濟負擔。學生不是社會議題的旁觀者，學校鼓勵學生關心長者，以長者為目標群眾進行發明，從而改善他們的生活，藉此培養學生的同理心及關心社會的態度。

學校學生彭炫康、殷偉濤和莊啟維運用 AI 鏡頭和編寫程式發明了「智能認藥機」，設計概念源於他們留意到長者每天需要服用多種藥物，長者難以分辨它們的外形和記住服藥資訊。「智能認藥機」操作簡單，只要將藥物放到鏡頭前方，待它辨識藥物，就會向使用者的手機發送藥物種類、作用及服藥指示的短訊，減低長者吃錯藥的風險。學生曾帶同「智能認藥機」探訪北河同行的「深水埗明哥」陳灼明先生，以收集用家意見。明哥對學生的發明讚口不絕，欣賞他們結合知識及對長者的關懷，學以致用，為改善長者作出貢獻。學生又跟隨明哥走入民居派發飯盒，與長者交流，進一步了解長者日常服藥的情況和生活上的困難，作為日後發明的參考。學生正正實踐了 Values in Action 的精神，以人為本，運用所學知識和技能進行發明，為社會上有需要的人解決問題、改善生活。「智能認藥機」除了獲得大眾的青睞，也收到社區康復機構的查詢。學校會進一步推廣學生作品，尋求與企業和機構合作的機會，成為與社區緊密聯繫的「社區學校」。

學生向「深水埗明哥」介紹智能認藥機的用法

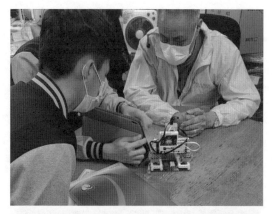

學生走入民居探訪長者，了解長者生活上的需要

疫下送暖

疫情嚴峻之時，長者作為高危群組，各界呼籲他們減少外出以降低感染的風險，而安老院舍亦全面暫停探訪。獨居或居於安老院的長者，須面對疫情帶來的壓力，加上他們是對資訊科技認識不多的一族，不懂使用電子設備獲取資訊、與外界保持聯繫及滿足生活需要，可能會產生被排擠的感覺，增加了他們的孤獨感和無助感。在特別假期

期間，學校與香港耆康老人福利會合作舉辦「疫下同行」活動，學生通過視像探訪與長者聊天，在疫情下為弱勢社群送上溫暖。學生在視像探訪中，以製作投影片、點播、講故事、生活分享等方式，與耆康會的長者互動，隔着熒幕送上關心和歡樂。是次活動通過跨年齡的交流，宣揚敬老、愛老的文化，鼓勵學生在家庭和社區中實踐助人助己之精神。學生不但能增進與長者溝通的技巧、掌握相處之道，更能從他們身上吸取各種寶貴知識和經驗。另一方面，長者能從學生身上感受到時下年輕人的正面價值觀和態度，包括「關愛」、「互助」和「同理心」等，通過互相學習建立關係，加深彼此的了解和聯繫，促進長幼共融。

學生透過視訊與耆康會的長者交流

疫情反思與未來教育的願景

　　未來教育除了透過多元化的學習模式和有效的課程設計讓學生掌握知識和能力外，更要融入品德及情意教育的元素，將生活、環境和歷程連結，為學生提供實踐創意、實境學習的平台，進行體驗式學習。情意學習促進學生與他人、社區和大自然的互動，當學生懂得考慮他人的立場

和感受，主動了解其需要，並在學習歷程中予以援手，培養利他主義的美德，將來也會關心社會群體、貢獻自己造就他人。學校亦會協助學生轉化經驗，進行反思學習，深化情感內涵，培育學生成為整全的人，達至全人發展。

是次疫情為教育界帶來重大的啟示，學校要為新常態做好數碼化的準備，強化電子學習策略，老師須掌握網上教學和混合式教學，把培養下一代成為良好數碼公民列為教學目標之一。另一方面，我們了解到基層學生因數碼鴻溝而無法享有平等的學習機會、長者因不熟悉科技而被邊緣化、弱勢社群面對資源短缺的窘境，我們不能忽視這些人的需要，應主動向他們伸出援手、提供協助，彰顯互助互愛的精神。病毒無情，但人間有愛。是次疫情，是危機，也是開創學習新常態的契機，更成為了未來教育不可或缺的重要教材。

晨光初現，寓意著光明及希望。面對未知的挑戰，如登山一樣，一步一步堅持下去，定能看到美麗的風景。

家長在疫情、疫情後角色的轉變

香港家庭教育學院顧問
方奕展
香港家庭教育學院副主席，沙田區家長教師會聯會顧問
余榮輝

疫情下家長角色的變化

　　子女的教育對於家長來說，在疫情中變化很大。因為子女要上網課，所以很多家長在家中擔當了老師助理的角色，成為老師教學的左右手。家長主要是擔心子女若無其從旁協助，會跟不上進度。疫情亦帶來了新的挑戰：學生使用資訊科技的時間不斷增加，家長如何能確保學生使用資訊科技時，是真的在上網課，而不是在玩電子遊戲或上網成癮，是家長的一大關注點。

疫情期間的子女開學及網上學習的家長意見調查發現超過六成家長就子女網上學習感到壓力

另一方面，當學生使用的資訊科技在極速發展，如何能確保學生在接受眾多資訊時，能夠分辨出資訊的真確性？又如何確保在使用這些資訊科技的工具時，對學習是真的有裨益，而不是在浪費時間？

港大這次率先為青少年的資訊素養作了多項研究，我們認為這是十分有必要的，可讓大眾加深認識學生使用資訊科技的實況。只有對實際情況有透徹的掌握，家長和老師才能對症下藥，引導學生正確使用資訊科技，培養良好的資訊素養。對於愈來愈多沈迷網上生活的人來説，資訊素養在未來就有如今天的中、英文和數學，應是學生的「必修課」。這方面家長一定要留意，甚至要有自我提昇：只有家長自己對資訊素養有認知，才能和子女有好的討論。

在情意教育方面，我們留意到可能因為欠缺經驗及資源，老師在進行網上授課時，往往對教授傳統科目有較大把握，但對於學生在社交、靈性、體育，乃至德、智、體、群、美上的追求，較難有好的方法應對。故此，家長在這方面擔當的角色就變得重要了。在疫情下，子女在學習路上更突顯他們要透過與父母、長輩、兄弟姊妹的相處，在情意上有所成長的重要性。

而因為課程上的變動，最近添加了不少新元素，如價值教育、國情教育等，學校要引入新思維、新方法教授學生這方面的知識。其實這些可被統稱為情意教育的元素，學校一直以來都有教授。但是最近幾年因應香港情況的變化，坊間難免對學校在情意教育方面的方法及成效抱有懷

疑態度。

另一方面，不少家長亦希望看看如何能夠把自身的經驗、價值傳授給子女，從而增進家人互相的瞭解，亦為子女在成長中提供難得的經驗。一直以來，從家校合作的研究文獻中，不斷肯定家教對子女成長有重要、積極正面的影響。家長若能認真地把自身所重視的人生哲理、生活智慧、個人職場經驗與子女分享，除了有助建立良好的親子關係及家庭傳承外，亦是與學校聯手提昇學生的情意教育。

其實在疫情以前，這樣的家校聯手提昇學生情意、知識的機會並不多，很多時候家長都習慣把教育的責任交到老師手上。家長在子女開始回校上課之後，可能甚少有機會向學校表達在情意這方面的內容，例如家長對子女是有怎樣的期望？畢竟每個家長可能有不同的期望：有人看重誠信、有人看重勤勞等等。對學校而言，如果知道個別同學家長的期望，會更容易作出適切的安排，亦能令家校相處更融洽。

從這角度看，疫情為家校合作開了一扇門。當學生與學校的關係在三年、六年、十二年、甚至十五年結束後，學生仍舊是該家庭的一份子，依然要面對家長，所以家長絕對是學生接受教育中重要的受益者。如果家長與學校方面能夠保持緊密的溝通與合作，學生在學習上也會有更清晰的目標，學校亦可作出相應的安排。

這樣看來，學校、家長與學生無論在疫情下，還是無疫情，以回歸基本步最為重要：是指讓這三角關係以一個

健康，並互相尊重、關懷、體諒的方向去發展，以致達到三贏。尤其是當學校要面對提昇情意教育這個課題時，我們看到家長作為老師助理的角色就變得更為重要。研究團隊也確實發現在疫情中，當家長與子女的關係愈親密，愈積極參與學校所舉辦的活動，愈能正面地支援子女在網上學習，子女就愈有信心能從網上學習中獲益，亦在各樣的學習範疇上有正面的表現。這樣的發現確實對家長有個警惕作用：要緊守基本步，不要被疫情變化所影響。

　　疫情對不少學生的精神健康構成了壓力，學生需面對網課與實體課之間的不確定性、因多留在家而與家人發生衝突、家庭經濟等等問題，壓力極沈重。而家長一定要先聆聽，讓子女可安心分享他們的心情，先舒緩了情緒，再看可如何幫助子女。但家長未必可解決子女的問題，因為家長自身亦已累積了不少壓力。幸好在疫情中我們看到，家長從學校、從社福機構等都可得到不少的心理支援，如精神健康、心靈管理講座等。家長要從今次疫情吸收經驗並牢記，故將來就算再有類似的情況，也懂得欣然面對。

家長應如何面對未知的恐懼？

　　在毫無準備之下，疫情突然來襲，大多數的常規也被打破，無論是父母或是孩子，都需要一些改變及重新適應。歷史總是循環不息，今天的經歷成為經驗，可作日後的參考及應用。當然，我們需要認清這次疫情下所出現的問題，尋求更佳的處理方法，以應對日後出現類似的情況。在另

一層面上，更重要的是認識我們的生命，重新安排當中的優先順序。

以往，家庭成員均有完善的日程表：上班、上課或放假，各項日程瞭然心中，也懂得在甚麼時間作出甚麼安排。反之，在疫情下，孩子先是面對停課，及後是網課的安排；家長們要在家工作，或有些要面對停工、失業。一切的日程常規失效，隨時要面對改變和適應。不論是成人或是孩子，經常面對未知的改變，難免會有不安的情緒。

另一方面，以往各人在不同環境下工作或上課都互不干擾，回家便是家人相聚的時光，亦可緩解工作或學習上的緊張或不安。在疫情之下，父母和子女都要全時間留在家中，除了張羅電腦及上網的物資以應付工作及上課的需要外，更需要安排合適的環境或不受干擾的時間。作為家長，更要兼顧生活所需，一日三餐及家居清潔是常規，更要不時為短缺的日常用品張羅，有人形容是「困獸鬥」。在貧困及擠迫環境中的家庭，情況更為惡劣。甚至更困難的是，在疫情之下，以往可作支援的教會或社區組織也受限制。結果看到不少的研究指出，無論是成人或是孩子，都出現不同程度的情緒困擾或問題。無論是現在，或是為未來作準備，在考慮各項物資支援之外，情緒支援更是不可忽略的一環。

在孩子的成長階段，一直以來所談及的教育是包括德、智、體、羣、美等各方面。在停課之下，一切歸零。在網課安排下，只有學科的教導，因為缺乏足夠的溝通和

互動，學習也是不全面，更不能照顧個別的學習困難或差異。當回復正常的面授課時，除了要追趕課程外，也需要關注這些孩子在各方面的缺失，加以照顧及協助。學校和家長都需要切實瞭解孩子的情況，接納他們的現況，協助他們成長。

此外，過往在談及保護主義、地球村、環保等等課題時，對大多數人來說都是一些抽象概念，但是在近兩年多以來的疫情中，相信我們都有深切體會：身為「地球村」中的一員，這地球上其他地區的事情，對我們是有影響的。如超級市場內大部份貨架被清空的景象，或是街市沒有菜及豬肉出售的日子，或是發泡膠箱、膠盒堆積如山的狀況。雖然這些情況或出於未知的恐懼，或因應突發事情而出現，但過往的抽象概念，此刻都是具體而實在地呈現在我們的眼前，在教導孩子上有更實際的幫助。

代代有愛的家庭照顧

家庭除了父母和孩子之外，還有年老的父母及親友。在疫情之下，限制了家人相聚的活動，更因疫情而「不准探訪」入住老人院的年老父母或因病入醫院的親友。在第五波疫情下，離世的長者不少，對於這些離世者的家屬而言，在最後離別時不能好好地送別，是雪上加霜的悲痛。如何疏理這些哀傷，不論是成人或是孩子，都需要認真面對和處理。

有人說：「有危便有機」，也有人說：「換個角度看，危

機可以變成契機。」每當疫情緩和，放寬限制時，終究能看見很多人相約一聚的場面。在疫情之下，或許有人經歷不同的改變，或許有人經歷生離死別，但重要的是在改變或離別之中，重新思考在生命中甚麼才是不可或缺的重要元素，重新認定生命的方向。此刻，需要認真看清這次疫情帶來的問題和缺失，才能有效地面對和處理。

家長如何在疫情及疫情後有效發揮「CEO家長」角色，與子女一同進步成長？

父母與子女的關係是無可替代的，然而除了血緣關係外，建立良好親子關係，培養親子感情亦相當重要。香港人生活節奏十分急促，我們「行得快，食得快」。不僅工作時間長，業餘又要職業進修，最容易犧牲的是家庭時間。不知不覺，家人的時間便被放下。但如果我們能重新安排時間運用的優先次序，重視與家人相處的時間，可能情況便會有所不同，親子關係亦較容易建立。

在商界中，我們稱首席執行官做CEO（Chief Executive Officer），主要負責管理公司運作。大家可有想過，其實家庭裏也有CEO呢？我們所講述的CEO家長就是有能力（Competent）的家長，有效能（Effective）的家長及樂觀（Optimistic）的家長。

CEO家長

做父母可以説是最具挑戰性、最困難的工作，我們幾乎要全天候、全面性、全方位的培育子女成長。疫情下為家長帶來的困擾繁多，如疫情初期子女停課無法上學，又如疫情中後期轉為安排網上學習，全職家長雖然能夠全日在家中照顧子女，但調查發現家長面對的挑戰是在協助子女網上學習時遇到最大的困難是「唔知點幫」，而子女在網上學習中遇到的最大困難是未能專心上課。

在子女的學習環境轉變中家長變得無力，然而作為 CEO 家長，就是要有能力（Competent）發揮家長的角色。舉例來説，CEO 家長宜了解子女網上學習的情況及資訊科技發展，掌握網上學習的技巧，適時協助子女在網上學習，全面幫助子女解決面對疫情下的學習困難，並適應學習模式的轉變。

CEO 家長選舉 _
專家訪談「CEO
眼中的新世代」

第四屆 CEO 家
長選舉頒獎禮

　　其次是有效能（Effective），家長如何發揮有效角色與
親子關係是有關聯的。早前（香港）教育大學的研究發現，
良好的親子關係是對子女最有利的單一要素。親子關係愈
好愈親密，子女在停課期間參與網上學習活動以及對數碼
學習工具的實用性均有正面評價。所以，除了對數碼科技
需要與時並進外，亦要與子女建立良好親子互動，以提高
效能。

　　最後是樂觀（Optimistic），疫情期間每日大多數時間我
們在要留在家中，不單是子女停課，家長也有機會在家工
作。整個家庭，家長幾乎是二十四小時與子女「困獸鬥」，

家庭衝突也增加。作為 CEO 家長需要有樂觀的態度面對疫情的挑戰，亦可多與家庭成員討論在疫情的困難以及解決方法，進一步就是多分享，透過一些共同完成的事情如一同烹飪、玩桌上遊戲、種植及做手工等，提升相處的質素。同時可利用這些活動培養子女的良好品格，如種植可讓子女學習照顧植物、為它們澆水，培養子女的耐性和責任感。

疫情之下世界各地，不同地區，不同階層，不同行業的人都面對不同程度的挑戰。在學校的層面，少不了面對教學以及家校溝通的困難。經過是次疫情期間的抗疫挑戰，我們更加明白家校合作，家校溝通的重要性。學校不只是教育孩子的地方，更是連結校長，教師及家長溝通的一道橋。要有良好的家校溝通，家校合作是不能忽視的一環。家校合作能討論的話題除了照顧學生不同需要外，亦應照顧家庭關係，例如家庭壓力、兒童和家長情緒等。我們祈盼疫情後，家校合作的培訓及交流能夠有增無減，以致我們的家長更有信心，能力照顧子女及其自身。

社會各界的參與

本主題將討論非政府組織
在情意教育方面與學校和家長之間的合作，
並探索其影響力及新常態下所面臨的
挑戰及所需的相互支援

被遺忘的時光：情意教育在疫情下所面對的挑戰

香港城市大學 社會及行為科學系正向教育研究室
郭黎玉晶教授、郭啟晉先生

「現在的你，仍活在愛裏嗎？」

這是筆者每次教師培訓和家長講座都會向大家提問的問題，與其說是問題，可能用「溫馨提示」會更貼切。在疫情下，學校和家庭的生活發展了新常態——難以預計的停課、網課、半日課；還有不同形式的網上課堂、防疫措施、社交距離指引等；再加上個人和家庭的防疫工作、對疫情的擔心⋯在這一連串的新挑戰下，大家都開始感到身心俱疲，撫心自問，對學生或子女的愛也慢慢遺忘了，剩下疲憊、無奈、擔憂、氣餒，甚至是憤怒。當兩大情意教育的推動者——老師和家長——都無力去愛時，情意教育將面臨巨大的挑戰。

「忙」與「忘」

復課後，不論老師、家長和學生都會有一個想法：「想追趕原來的進度」。這個想法是無可厚非的，畢竟課時大減、網課效果參差、學生的學習狀態也需要時間回復過來。

在這個情況下，情意教育的課堂形式也有不同的轉變：有的可維持每星期有一堂實體面授課，有的轉為在早會短講，有的轉為下午網課，亦有些會大幅縮減節數，甚至有些只能用 15 分鐘班務時段去處理。這麼繁忙的校園生活，為的可能是想追回學習的進度，但也可能令大家忘記除了要傳授知識的「教」，還要有全人發展的「育」。當然，大家可能會覺得是「迫不得已」，又或者是想先處理好自己所擅長的教學工作，待疫情平復才慢慢再恢復開展情意教育。然而，對大部分學生而言，在疫情期間，他們除了學業成績落後，其實身、心、靈和社交發展也大大滯後了，甚至在未有疫情前已停滯不前。

如何在疫情下實踐情意教育

筆者與團隊在推展正向教育（可視為情意教育的其中一個範疇）的過程中，強調正向教育的發展歷程應該有六個階段：「學習」(Learn it)、「活出」(Live it)、「反思」(Reflect it)、「概念化」(Conceptualize it)、「運用」(Apply it) 及「融入」(Embed it)。在疫情前，學校的正向教育課（或其他的情意教育課）主要是「學習」的階段，而「家課」和「學生活動」是希望學生在日常生活和校園生活中「活出」所學的東西，活動後的解說或課程的總結則旨在協助學生「反思」與及將知識和經驗「概念化」，成為自己的生活智慧。

其實在疫情下，可能是一個契機讓學生將情意教育所學的東西，「運用」去面對前所未有的疫情，並且將正向教

育的概念，內化為自己的價值觀，真實地「融入」生活當中。在疫情期間，筆者與團隊協助數十間學校繼續推展正向教育，希望在此章節的下半部分，分享一下我們的經驗，拋磚引玉。

網上教學的限制與優勢

人與人之間的相處，身體語言和當下的氣氛是非常具影響力的，試想像當你和好友促膝詳談時，剛好遇上地盤施工，相信當刻很難投入去暢談，又或者當學生在閒聊時突然緊握拳頭、面紅耳赤時，你大概知道有些事情似乎觸怒了該學生。而在網上教學，確實比較難去留意學生的身體語言和建立適當的氣氛，如果再碰上一些學習動機比較低的學生，挑戰性會更大。而在情意教育的成長課中，很多時候都會透過體驗活動引發反思，從而帶出訊息，但網上教學可能比較難做到具趣味性、互動性和體驗性的活動。

雖然網上教學遇到了不少的限制，但青少年（甚至成年人）其實也很喜歡在網上進行各式各樣的活動，例如在社交平台聊天、在討論區看留言和發表意見、瀏覽影片、打機（電玩遊戲）、追劇、甚至自己拍片放上社交平台分享交流。由此可見，對青少年來說，網上活動其實是一個非常熟悉的媒介，如果我們能找出網絡活動的特點，並加以善用，可能對網上教學有很大的幫助。

我們的實務經驗發現，相對面授課堂，學生在網上「聊天區」的參與度會更高。有學生表示因為在「聊天區」留言

時，可以不用太關注別人的目光，而他們亦很習慣在討論區留言，因此在成長課中不妨多運用「聊天區」的功能，當然老師需要與學生先建立善用「聊天區」的氛圍，例如：上課前可以邀請學生先分享一下今天的疲倦指數，1 分是不疲倦，5 分是極度疲倦，請於「聊天區」輸入分數；然後再請學生一人用一個形容詞描述今天的心情，讓大家熟習在「聊天區」表達自己。接着可以在課堂不同的話題中，邀請學生分享自己的意見，並可提醒學生：每一位同學的分享能讓大家更清楚知道彼此的想法，更幫助到老師不會脫節。

如果有些學生不想讓同學知道自己的分享內容，老師亦可邀請學生用私訊功能，直接與老師分享自己的看法，而我們都發現在這種私隱度相對較高的情況下，有些學生會更願意參與分享和反思活動。

有些時候，我也會與學生訂出一些網課文化，例如：當我講解到某個課題，而同學想作回應或有提問，我會歡迎同學先在聊天區留言，並會預留時間回應或討論，好像參與網上直播活動的情況。老師亦可強調，課堂的質素高與低，其實很依靠大家的參與，好像看演唱會一樣。當學生有着這樣的角度，網上學習的互動性亦可以有所提升。

當然，對於以上的例子分享，也有很多細節要留意。例如老師的回應技巧、分享題目的設定能否引起共鳴感等等，而筆者想強調，我們建議善用聊天留言鼓勵學生參與分享，並非鼓吹學生做「鍵盤戰士」或者只在網絡世界侃侃而談，老師也必需讓學生明白，人與人的相處，不可以只

依賴網絡平台，面對面的交流在人際關係建立上是無可取締的。

擺脫「做功課」和「工作紙」的第一印象

大家可能都會遇到以下的情況：邀請學生撰寫感恩日記（或週記），學生們都是寫「感恩今天有早餐吃」、「有老師的教導」、「感恩有得返學」…學生是否真正體驗到感恩？相信機會不大。

在筆者和團隊的經驗中，學生們越來越擅長分享「罐頭答案」，即是一些放諸四海皆準，不會有人反對的說話。學生未必是說謊或者敷衍老師，有時學生可能怕犯錯，又或者怕被否定，因此不加思考便交出罐頭答案，「準確無誤」的「交功課」。情意教育是非常着重學生在學習過程中，連繫生活經體驗，再透過反思，從而內化為個人的價值觀。假若學生將「感恩日記」的練習視為「工作紙」，便很容易會覺得是一份「功課」，而功課會有「標準答案」，因為大家都很容易會在「不經過內化和反思」的情況下「交功課」，感恩練習也難以發揮其威力。

為了減少此類情況出現，我們嘗試從「工作紙」的設計入手，希望讓學生收到該練習時，不會即時覺得是「工作紙」，例如：為了讓學生建立對「失敗」和「挫折」的正面態度，我們會與學生一同撰寫屬於自己的「失敗履歷表」，失敗履歷表的設計也非常配合主題（見下圖）。

失敗履歷表

失敗履歷表

姓名：＿＿＿＿

請貼上
一張失手
的照片

學歷(按最近年份排序)

年份	失敗經歷

課外活動(按最近年份排序)

年份	失敗經歷

日常生活(按最近年份排序)

年份	失敗經歷

人際關係(按最近年份排序)

年份	失敗經歷

失敗見證人

陪伴者見證	見證事項

　　卸下「趣味性的包裝」，其實這是一個「失敗轉化」的反思練習，但隨着工作紙的設計，學生們會有更大動力去為自己撰寫這份失敗履歷表，重新認識失敗對自己的啟示和成長意義。

　　老師亦可以開宗明義與學生分享：「成長課是希望大家放下『罐頭答案』，為探索自己而去認真思考不同課題，大家不是為了『應付』或『應酬』老師而回答，而是為了成為更好的自己，這樣的成長課才會變得有意義。」在這個環境下，學生的內在學習動機亦有所改變。

將「成長課」視為「班級經營」的平台

有不少老師曾經分享過，教授成長課真的很大壓力，因為老師難以評估學生掌握了多少知識，而成長課的內容和相關知識也不是自己的專業範疇。筆者明白這份壓力是源於老師們的責任感，而這些想法也是非常合理。為了舒緩老師的壓力，我們在成長課的備課會中，必定會跟老師強調：「不要視成長課為知識傳授的時段，而將之視為班級經營的環節」。試想想你自己的中學時期，老師教過你甚麼知識？而你又試想想，中學時期你經歷過甚麼？你可能會發現後者的問題會較容易回答，由此觀之，「經驗」比「知識」讓我們更深刻，當然這並不代表知識傳授不重要，重點是人是透過真實經驗去將知識內化。當大家將成長課視為「班級經營時段」，老師的角色便是就着不同的課題，透過不同的活動、反思、分享和討論，讓同學、甚至師生之間有更深入的認識。而事實上，在疫情下，學生們少了機會與同學傾訴心事，或者分享不同的生活話題，成長課正是一個理想的平台去讓學生彼此深入交流，締造更多有質素的相處時間。從我們的實務經驗發現，老師有了這個角度後，大家便更能發揮成長課的真正威力。

疫情穩定後的展望

經歷了一段時間的疫情，當中遇到前所未有的挑戰，同時也讓大家帶來很多的反思。老師、家長和學生們也慢

慢適應在疫情下的新常態運作，大家也是時候計劃一下如何建立情意教育的「復原力」。綜合了團隊的一些經驗，以下分享我們的展望。

將「成長課」視為「班級經營」的平台 -Teacher training

全校模式 (Whole School Approach) 的正向教育

為了讓大家重拾被遺忘的愉快校園時光，正向教育研究室的團隊過去八年一直支援着數十間中小學，以全校模式發展正向教育，建立正向校園文化，以下是我們的經驗分享。

全校模式是希望在各個校園持份者的參與下，共同推展正向教育。當中包括

1. 教師培訓：例如全校教師培訓、小組研習圈。

2. 家長教育：例如家長迎新講座、親子體驗活動、家長大使培訓、與及不同時段開辦的家長講座等。

3. 學生活動：包括班本、級本和校本的體驗活動，亦會有網上和實體的講座。

校本學生體驗
活動

4. 正向成長課程：由班主任以班級經營的形式，與學生探討正向教育的各個課題，包括性格強項、正向情緒、投入感、人際關係、人生意義、成就感及身心健康。

正向成長課程

5. 校政規劃：將辦學理念、校訓等結合正向教育的理念，共同商討學校發展計劃，與學校各個工作小組提供顧問及諮詢工作。

推展的先後次序方面，正如前文所言，教師對正向教育的深入理解，甚至內化成自己的價值觀，對整個校園發展是極為關鍵，因此我們會先讓老師認識，再延展至學生和家長。

內容方面，我們會先讓學生認識「真實的快樂」(Authentic Happiness)，探討都市人的快樂感，與及享

樂和心靈滿足感的關係；繼而認識如何運用性格強項(Character Strengths)去欣賞別人和善用自己的性格，建立欣賞文化和正面的自我形象；然後再深入認識正面情緒，學習「自我關懷」和各種情緒的意義；亦會探討如何透過溫和且堅定的正向教養，在不破壞人際關係的情況下，讓學生建立良好品格與習慣，並善用欣賞文化、回應技巧、同理心等，建立正面人際關係；近年研究室會重點探討如何由挫折邁向成功，讓大家懂得運用成長思維，將在疫情下所遇到的挫折轉化為養分，一步一步邁向成功之路。

以上的分享只是簡單的介紹，在實際推行時，最重要是因應學校的校情、特質、發展方向、教師的空間和能力、學生們的狀況等，再作調整。而根據我們團隊的實務經驗，以上的模式和內容都是非常具參考性的，為學校發展情意教育帶來了一個清晰而有系統的藍圖。

在學校建立正向的環境和氛圍

筆者和團隊一直致力以「校本模式」推展正向教育，並以七大元素為理論基礎：

1. 性格強項（培養良好品格，建立正面自我形象）
2. 正向情緒（認識情緒的意義，將壓力轉化為動力）

3.　投入感（培養興趣，享受生活各種體驗）

4.　人際關係（建立和諧而有質素的人際關係）

5.　人生意義（探索人生所追求的意義，建構豐盛的人生）

6.　成就感（學習面對挫折，建立成長思維）

7.　身心健康（建立良好習慣，增強復原力）

　　我們深信家庭和學校是青少年成長的土壤，如果土壤和所吸收的養份良好，植物才能茁壯成長。因此以正向教育的七大元素為基礎去建立正向的環境和氛圍，有助提升學生的復原力。

調整教師的工作量

　　在十多年與學校合作的經驗中，我們見證到絕大部分的老師都是用 150% 或以上的努力去為學生付出，因此若果要他們再騰出額外的空間或心力去發展情意教育，或開展新的範疇，真的是百上加斤。如果要老師有心力去陪伴學生成長，首先要關注老師的心靈健康和舒緩老師的工作壓力。曾經有位校長與老師們分享：有些行政事務，我們可以用行政程序去處理，但情意教育是要和學生「講心」，因此我們都要與同事們（即是老師）「講心」。雖然這似乎是老生常談的話題，但正是問題的關鍵，調整教師的工作量可以大大提升情意教育的發展。

平衡課時的比重

現時每星期的成長課或情意教育的課時比例相對較少，在半日課及暫停課外活動的情況下，比重失衡的狀況更見嚴重。如果學校能將情意教育的課時比重提升，老師和學生才會能有穩定的空間去實踐情意教育。

拓展家長教育

教師和家長是情意教育中最重要的核心成員，在疫情下，家長也深深感受到子女身心靈和社交發展的重要性，因此支援家長在家中實踐情意教育是不可或缺的一環。提醒家長在追趕學業成績的同時，如何讓子女有全面的成長可能更重要。教導家長「如何與子女面對挫折」、「如何照顧自己的情緒」等課題，在面對疫情下，會是不錯的選擇。

提升社會對情意教育的重視

家長、教師、以至學生著重追回學業成績而遺忘了身心發展的重要性，或多或少是因為香港的社會文化都是著重「成效」、「成績」、「結果」，成績分數確實在人生中會帶來一時的優勢，但其實品格、心態才是真正跟我們「一世」。人生是靠着我們的信念和態度面對難關，而情意教育正是引導學生建立正面價值觀重要的歷程。因此讓社會大眾關注情意教育，學校才能有資源去調整老師的工作量、改變課時比例，家長才能放下「成績」的枷鎖，重拾教養的重點。

社會在急促發展下，青少年在學校和家庭中愉快的時光也被慢慢淡忘，在疫情下，可能更消失得無影無蹤。但正向教育讓我們學懂心存盼望的重要性，「不是看見希望才堅持，而是努力堅持才能看見希望」，希望筆者的分享能讓大家重拾教育的初心，讓學生們能真切的感受到：現在的我活在愛裏，豐盛充實地成長。

參考資料

1. 〈教與育的定義〉http://www.pcerc.org/HJZHY/HJ801/HJ801_02.htm（黃海波）應從「教書育人」走向「育人教書」選自《教育學》文摘卡 2007 年第 1 期

2. Kwok, Sylvia YCL（2021）. Implementation of positive education projects in Hong Kong. In ML Kern & ML Wehmeyer（ed.）*Palgrave Handbook on Positive Education*. Palgrave Macmillan. https://doi.org/10.1007/978-3-030-64537-3_27

以正向心理學推行情意教育

保良局校本教育心理服務督導主任
陳秀慧博士

　　情意教育可分為狹意和廣義，狹義是指對學生之情感發展的輔導，令學生敏於感受人心，善於控制情緒，使情緒穩定成熟，從而達致健全的自我適應與良好的人際關係；從廣義來説，情意教育除了上述目標外，還包括心靈層面的教育，如助人、利他、合群等高尚情操和品格的教育[1]（謝水南，1995）。而正向心理學大師賽里格曼教授（Martin Seligman）提出 PERMA 的模型，即包括正面情緒、全情投入、正向關係、正向意義及正向成就感，也就是與廣義情意教育吻合。因此，有學者[2]（常雅珍 , 毛國楠，2006）提出以正向心理學的內容來建構情意教育並作研究。本文將陳述保良局自 2014 年開始推行正向教育（以正向心理學應用在學校系統內）至今的過程，辦學團體的角色，初步的成效及反思。

保良局辦學背景

　　保良局秉承「保赤安良」的宗旨，為莘莘學子提供優良

1　謝永南（1995）〈情意教育的特質與教育策略〉，《北縣教育》，6, 18-22

2　常雅珍 , 毛國楠（2006），〈以正向心理學建構情意教育之行動研究〉，師大學報：教育類，51 , 2, 121-146

的教育服務，開辦各類型非牟利學校，辦學方針和政策以社會利益為最大依歸。屬校以「愛、敬、勤、誠」為校訓，為學生提供充實知識、訓練技能及鍛鍊體格的機會，亦著重培養學生優良的品格，高雅的情操及正確的人生觀，以達致「德、智、體、群、美」五育之均衡發展。除了保赤安良的使命，亦注重培德育才，希望學生可以發揮保良局造福社群的奉獻精神，培養良好的價值觀。本局教育服務多元化，屬下教育服務單位包括社區書院、資助（十六間）及直資中學、資助（二十五間）及直資小學、私立小學、獨立優質私校、特殊學校、宿舍、幼稚園（二十四間）、教育服務中心、教育研究及測試中心、中央圖書館暨教案資源中心、英語學習中心、學前教育服務中心及中央電視台合共95 個單位。

推動正向教育的旅程

回顧保良局推動正向教育的旅程，正好與學者們（Kelly-Ann Allen, Andrea Reupert, and Lindsay Oades, 2021）[3] 提及的四個發展階段非常吻合。

3　Allen, K, A, Reupert, A, Oades, L. (2021) *Implementing school policy effectively.* Building Better Schools with Evidence-based Policy. P1-9.

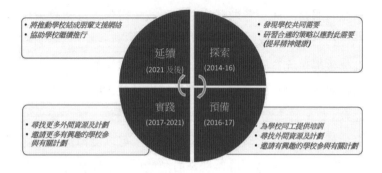

保良局推動正向教育的發展階段

探索與尋找 —— 提升精神健康（2014-16）

　　保良局校本教育心理學家團隊自 2014 年起留意到很多學生、教職員及家長都承受着巨大的學習或工作壓力，於是團隊便成立了一個工作小組，研究有關提升精神健康的文獻，發現賽里格曼教授等人運用了大量心理學的研究來提升精神健康，而發展了正向心理學，在澳洲已有學校將此學派的知識運用於學校系統中，也有香港學校起步嘗試推展正向教育。團隊於是參與了澳洲吉郎語法學校（Geelong Grammar School, GGS）的培訓活動，也到本地推行正向教育的學校（如漢基國際學校及沙田呂明才小學等）考察。同時，在 2015/16 年期間，本港學童自殺個案有上升趨勢，因此團隊決定以推行正向教育為長遠的發展目標，藉以提升學生、教職員及家長的精神健康及抗逆力。接著，團隊便積極開展培訓工作，以局內校本教育心理服務的資源，發展正方教育的培訓。

醞釀與預備 —— 同路人 北山堂 (2016-17)

在探索正向教育的過程中，除了接觸到有關的研究及文獻外，更感恩是可以認識到一直在本地致力推動正向教育的機構 —— 北山堂。及後，承蒙他們的信任和支持，與團隊合辦了兩次為期三天的「探索正向教育」課程，讓保良局先後有合共一百多名的教職員（包括教育心理學家的團隊）完成此課程，讓他們對正向教育有更全面的認識，同時更認同正向教育對學校的幫助。

發展與實踐 —— 合作夥伴 利希慎基金及賽馬會慈善信託基金 (2017-21)

隨着越來越多同工認同正向教育的意義時，更多的學校表示有興趣推行正向教育，但校本資源有限，有需要尋找外間機構資助，適逢當時，賽馬會慈善信託基金邀請了保良局一間中學及一間小學參與為期三年的正向心理學計劃 ——「正正得正」(2017-2020)。團隊當時也希望能在幼稚園推行正向教育，但因未能有外間資助而缺乏資源。其後，團隊根據吉郎語法學校（Geelong Grammar School）的框架，撰寫一份計劃書，並獲利希慎基金撥款支持以保良局主導的第一個正向教育計劃。

「利希慎基金保良局幼稚園正向教育計劃」(2018-2021)

參考了吉郎語法學校的應用理論框架 (Hoare et al., 2017) [4]，並借鑒賽里格曼教授的正向心理學 PERMA 模型及身心健康的主題，考慮到學齡前兒童的發展特徵，為每一個學期選擇了特定的主題，包括成長型思維、性格強項、正面人際關係、正向情緒、正向意義和身心健康，作為計劃的內容。根據吉郎語法學校的應用理論框架，教育心理學家透過為各持份者包括老師、教職員及家長提供培訓，讓他們學習 (Learn it) 有關課題的內容後，先在自己生活中應用出來 (Live it)，然後再運用有關內容於照顧幼童身上。此外，教育心理學家也會協助學校教職員將正向教育的元素「滲透」(Embed it) 於日常與學生的互動、教學活動、甚至同事間的互動及學校政策中，最終目標是提升學校內所有持份者的幸福感。

隨着多次聯校培訓，越來越多學校人員認同正向教育，相繼運用校內資源，如邀請校本教育心理學家主持校內培訓 (學生、教師及家長)、外購一些服務等，在校內推行正向教育。適逢當時，賽馬會慈善信託基金計劃展開一個新的計劃「幸福校園實踐計劃」(2020-2023)，以校園設計為切入點，配合培訓、活動、校本支援及研究，以提升精神健康。團隊向保良局校長們簡介計劃理念，結果有六間中學及兩間小學提交計劃書，參與「幸福校園實踐計劃」。

4　Hoare, E., Bott, D., & Robinson, J.（2017）. *Learn it, Live it, Teach it, Embed it: Implementing a whole school approach to foster positive mental health and wellbeing through Positive Education*. International Journal of Wellbeing, 7（3）.

延續與穩固 ── 更多的投入（2021 及後）

　　當「利希慎基金保良局幼稚園正向教育計劃」踏入第三年，團隊努力尋求資源以延續此計劃，經過不斷的努力，感恩地獲得教育局優質教育基金及本局李兆忠教育基金撥款支持，贊助了「豐盛小人生計劃」（2021-2024），將「利希慎基金保良局幼稚園正向教育計劃」建立了的正向教育模式，推廣至其他所有保良局幼稚園及幼兒園，以及一些局外的幼稚園。此計劃的特色是以第一批推行正向教育的幼稚園為資源學校，派出數位負責推動正向教育的老師，聯同教育心理學家團隊支援其他新參與的學校，加上透過學校間的互訪、交流，以及共享資源，務求日後計劃完結後，學校間可以持續推行正向教育計劃。為了延續正向教育的效果，利希慎基金聯同周大福基金及施永青基金支持本局，將幼稚園正向教育的模式拓展至小學，發展小學模式的正向教育。經過向小學簡介有關計劃後，八間保良局小學自願參與為期三年的「保良局小學正向教育計劃」（2021-2024）。

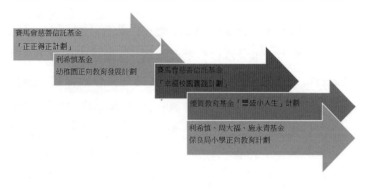

2017　2018　2019　2020　2021　2022　2023　2024

賽馬會慈善信託基金
「正正得正計劃」

利希慎基金
幼稚園正向教育發展計劃

賽馬會慈善信託基金
「幸福校園實踐計劃」

優質教育基金「蘊盛小人生」計劃

利希慎、周大福、施永青基金
保良局小學正向教育計劃

保良局各正向教育或提升精神健康的計劃

辦學團體的推動角色

結連與支持

　　保良局定期與各學校校長舉行會議，促進緊密聯系及分享資源。在推動正向教育計劃時，團隊也為參與計劃的學校建立兩個平台，一個是朋輩支援小組，定期邀請參與學校的負責老師互相交流、分享經驗及資源，甚至互相訪校，讓友校的同工們可以在有需要時互相幫忙及支持；另一個平台是督導委員會，由各參與計劃學校校長、顧問（外間及局內）及保良局管理層代表（總監及副總監）組成，定期召開會議，主要是由專業計劃團隊（包括教育心理學家）定期匯報計劃進展、研究數據、各持份者對支援的回饋，以及由各學校校長分享面對的困難。在會議中，顧問可以給予指導和意見，解答與會者的疑問，更重要的是讓管理

層了解計劃的意義及成效，並適時表達對參與學校的支持及肯定。

隨着越來越多學校推行正向教育計劃，管理層建議為總部支援同事提供培訓，讓他們深入認識有關正向教育的理念。此外，管理層也調撥資源，為未參與計劃的學校提供機會，讓學校提交計劃書舉辦校本正向教育活動，鼓勵這些學校更多參與相關活動，有助日後將計劃推展至更多學校。

計劃初步成效

「利希慎基金保良局幼稚園正向教育計劃」是首個由本局主導的正向教育計劃。此計劃進行了為期三年的縱向研究，參與研究的學校為計劃第一年的三間計劃學校以及與其規模相近的三間控制組學校。參與者包括 2018/19 年度開始參與首階段計劃參與的學校全體教師和職員，以及同年入學的幼兒班學生和家長。總共有 410 個家庭（230 個來自計劃學校）、95 位老師（50 位來自計劃學校）以及 40 名職員（26 位來自計劃學校）同意參與本計劃的追蹤研究。本研究追蹤參與者三年，分別在計劃開始前（基線）以及第一、第二和第三學年完結時的四個時間點，分別對學生、家長及教職員進行評估，並完成數據收集。研究結果顯示，計劃完結時，計劃組的學童在學校（由班主任評估）的困難行為比較控制組的學童有顯著的改善，而他們在學校和家中（分別由班主任和家長評估）的親社會行為、與學術相關

能力、努力程度以及成就動機都較控制組學童有顯著的提升。家長方面，在計劃進行而疫情嚴峻的第二學年末及計劃完結時，控制組學校的家長的自我效能有所降低，但計劃組家長的自我效能則仍能保持較平穩的水平。另一方面，控制組和計劃組學校家長在計劃完結時成長型思維都有所減少，但計劃組的家長在三年內成長型思維的減少都相對控制組的幅度較少。因此，本計劃對家長隨着孩子成長可能產生負面改變的思維模式有一定的預防作用。

反思有效推動正向教育的元素及策略

尊重學校特色及需要

每間學校有其特色、優勢及困難，不同持份者都有不同需要，要令到正向教育計劃成功，最重要是了解及尊重學校及各持份的意願，繼而運用不同的正向心理學內容、不同的策略及不同的媒介為切入點。

例如，因為幼稚園課程較有彈性及空間，很多幼稚園都用採用主題教學，因此，我們建議在幼稚園可以運用類似模式，將正向教育主題分三年推行，透過培訓讓教職員及家長循序漸進，全面認識正向心理學的內容，然後專業團隊與學校人員一同商討如何運用正向心理學的元素，優化學校的活動及政策。

但在中、小學，因課程限制較多，較少彈性及空間，

所以，不一定能用同一模式推行。而有效推動正向教育，最重要是尊重個別學校的意願。學校可以主動提出其需要，也可以和團隊協作，例如透過一些問卷調查如 APASSO 或 LIFE+ 等，讓學校從數據中了解各持份者的需要，從而決定運用哪個課題或媒介為入手點。

例如：曾經有一間中學，自行推行正向教育多年，一直很喜歡性格強項的主題，後來在一次計劃會議中，該校負責老師們提及想讓更多學科老師參與，支援團隊於是建議該校考慮推行正向成就感中的成長型思維。於是他們便邀請專業團隊提供成長型思維的教師培訓，讓他們探討如何在學科中鼓勵學生透過努力及改善策略來面對挑戰。及後，喜見他們可以在設計中一適應活動中，讓學生運用策略來解決學科的挑戰，如記憶艱深的英文生字等。活動過後，該校師生都體驗到能力是可以透過技巧及努力而改變，不但令老師對學生有更高及更正面的期望，學生也對自己能力感有所提升。

滲透全校系統

很多學校以為推行一個正向教育的課程，或舉辦某些活動，就是推行正向教育。但歐盟（2021 年）建議[5]以全校

---

5 European Union, (2021). *A systemic, whole-school approach to mental health and wellbeing in schools in the EU, Executive Summary.* Luxembourg: Publications Office of the European Union, ISBN 978-92-76-40162-9. doi: 10.2766/208726

參與模式推行健康教育：

「全校參與是指動員整個學校社區的各種資源 —— 包括學生、教職員、家長和專業人士的聲音和積極參與 —— 共同努力促進心理健康和身心健康。這種方法涉及的關鍵要素包括：

　　　（1）課堂層面 —— 普及的心理健康課程、課堂氣氛；教師培訓和指導；

　　　（2）學校層面 —— 學校氛圍、安全空間、學生參與；積極的父母參與；員工福利和心理健康；

　　　（3）跨部門層面 —— 有針對性的干預措施；與專業人士和機構合作；與當地社區的伙伴關係。」

　　歐盟建議學校要多關注學童照顧者的心理健康問題。換言之，要具體實施全校參與，需要在學校每個層面滲入正向教育的元素，讓學校各持份者都參與推行正向教育。老師是學校一個很重要的持份者，他們在學校日常的工作已經十分繁重，所以最有效的方法，不是推行一個新的課程或舉辦一些新的活動，而是將正向教育的元素，滲入老師日常的工作之中。

　　例如：有學校運用了正向心理學的元素來優化現有的活動及學校政策（見圖三）[6]，他們每逢星期四放學後，都會

6　https://www.plkmkmc.edu.hk/node/2334/

舉行全校師生可以自由參與的環校跑，一方面體現學校重視運動的精神：跑步不止是比賽，或只是運動員才可以參與，而是人人都可以參與的活動。另一方面，通過教練及體育老師的訓練，讓學生學會有效的策略，持續練習，並得到準確回饋。老師會在跑步完畢後，運用成長型思維協助同學反思其策略及努力，讓他們更重視學習歷程，總結成功經驗，尋找未能成功的原因，欣賞他人的成就，從中學習有效策略，學習感恩。

保良局馬錦明中學將正向心理學元素滲入學校各環節內

　　另外，班主任也擔當着關顧學生的重要角色，這所中學也透過引入 Responsive Classroom Management 及 Positive Discipline 的理念及策略，讓班主任可以運用正面的語言，令班內朋輩及師生間營造正面及信任的關係。此外，教師運用了善意溝通技巧及 Positive Discipline 的理念在處理學

生行為問題時，透過了解學生的感受和需要，可以幫助學生解困，建立正向社群。由於學校將正向心理學滲入了各個環節中，老師在日常教學及與學生互動中已應用了正向心理學，成為學生的模範，令學生能從中培養出正面情緒、正向成就感，以及與老師和同學生建立正向關係。

讓各持份者都有機會參與

要令到正向教育得以持續發展，推行時必須要讓各持份者都有機會參與。在不少參與推行正向教育的學校中，最初往往只有數個同事較為積極，校方往往會邀請這些同事成立正向教育小組，然後構思及舉行一些全校活動，如正向教育週，令更多同事因配合活動而參與其中。正如一位負責正向教育的老師時常說：「我要拉同事落水！」，此話正道出她推行正向教育的成功策略。有一次，她與小組成員建議學校將旅行日改為班本活動日，由班主任設計及主持與正向教育有關的活動。為了令更多同事參與其中，她邀請了團隊為全體老師提供培訓，讓同事能自行設計活動及帶領反思討論。結果，同事在培訓中十分投入，積極參與，因他們知道培訓可以幫助他們預備將要負責的工作。在老師的充足準備下，學生都十分享受老師精心設計的班本活動。

除了老師外，讓所有家長及學生朋輩都有機會參與，也十分重要。一般家長教育講座，只能吸引到部分家長出

席，並且只停留在認知層面的認識。有一間中學安排了學生朋輩、老師及家長，為個別學生填寫其性格強項，最後在派發成績表當天，同時派發性格強項資料，這樣不但讓學生了解自己的成績表現，也能認識自己的性格強項，還可以讓老師、家長及朋輩從更多的角度認識學生，真真正正地把正向心理學應用於生活中。此外，要令到各持份者積極參與正向教育，澳洲 GGS 團隊建議在各持份者當中組織一些有興趣推動正向教育的成員，接受培訓，定期策劃有關正向教育活動，如在小學中，可考慮成立正向教育家長小組，在中學，可以成立正向學生大使，由專業團隊為他們提供培訓，令他們更認識精神健康及如何協助有情緒困擾的同學或子女，日後可邀請他們支援有需要的同學及協助舉辦有關活動。

關顧各持份者的身心健康

根據澳洲吉郎語法學校的正向教育團隊的建議，正向教育是以幸福感為教育的中心「Placing Wellbeing as centre of education.」換言之，他們建議學校作決定時應以持份者的身心健康為依歸。不少學校推行正向教育都能積極地同時照顧學生的學習需要及精神健康，例如：在疫情期間，有些參與正向教育計劃的學校會安排老師定期與學生線上會面，又致電家長了解其子女的狀況；復課後，除了追趕課程外，仍積極舉辦提升身心健康及聯繫感的活動。再者，

不少學校在安排這些活動之餘，仍會考慮教師團隊的身心健康。

其實教師在推行正向教育擔當着核心角色，西方研究認為，教師的心理健康與否會直接影響其是否願意照顧學生的情緒需要[7]，因此，在推行正向活動時，應多考慮老師的工作量。例如：有一所學校，在商討分享正向教育分享會議的安排時，特別考慮到當議當天是學校考試的下午，為了令參與分享的同事感覺良好，校長讓有關同事可以上午不用監考，以便他們準備會議及提早午膳，這是對同事身心健康的一個很好的支持。除此以外，在分享當天老師並不需要額外準備簡報，而只是展示學校網站的相關資料。這些安排避免令同事工作量大增，但仍達到分享的效果，正反映了該校努力平衡同事的工作及其身心健康，達至正向教育提倡「Doing good and feeling good」的目標。

運用成效數據及外間顧問意見

當學校推行正向教育時，學校人員需要經常檢視推行活動的成效，除了收集一些參與者的回饋外，應定期（每年）檢視各持份的幸福感數據作為推行成效的指標，比較理想是可以跟一些沒有推行學校的數據作比較。以本局幼稚園正向教育計劃為例，正值疫情之際，計劃學校的有些指

---

7 Sisask M, Värnik P, Värnik A, et al. *Teacher satisfaction with school and psychological well-being affects their readiness to help children with mental health problems.* Health Educ J 2013; 73: 382–93.

標在推行期間沒有多大變化,但一對比控制組學校的數據,就發現後者的幸福感數據因疫情影響而下降,反映了計劃對參與者的保護作用。面對數據反映的情況,學校需要尋求外間顧問的意見,好讓他們知道數據反映的問題可以如何改善。以本局的幼稚園正向發展計劃為例,澳洲專業顧問會定期到訪參與學校,為專業團隊及學校提供有系統的報告及改善建議,對學校推行正向教育有很大幫助。

總結

正向教育不止是情意和品格教育,而是一個學校變革的旅程,讓它逐漸成為一個提倡身心健康的組織,令各持份者內化及實踐正向心理學的理念,從而提升其身心健康,遇到逆境時有抵抗的能力,能積極面對,重新發奮努力。

參考書目:

Allen, K, A, Reupert, A, Oades, L. (2021) *Implementing school policy effectively.* Building Better Schools with Evidence-based Policy. P1-9.

European Union, (2021). *A systemic, whole-school approach to mental health and wellbeing in schools in the EU, Executive Summary.* Luxembourg: Publications Office of the European Union, ISBN 978-92-76-40162-9. doi: 10.2766/208726

Hoare, E., Bott, D., & Robinson, J. (2017). *Learn it, Live it, Teach it, Embed it: Implementing a whole school approach to foster positive mental health and wellbeing through Positive Education:* International Journal of Wellbeing, 7,3.

Sisask M, Värnik P, Värnik A, et al. (2013). *Teacher satisfaction with school and psychological well-being affects their readiness to help children with mental health problems.* Health Education Journal; 73, 382–93.

https://www.plkmkmc.edu.hk/node/2334/

謝永南 (1995) ＜情意教育的特質與教育策略＞,《北縣教育》, 6,18-22

常雅珍, 毛國楠 (2006). ＜以正向心理學建構情意教育之行動研究＞, 師大學報：教育類, 51, 2, 121-146

匯聚初心：本地家族慈善基金推動正向教育之歷程

北山堂基金

與教育的淵源

　　北山堂基金（下稱「北山堂」）成立於 1985 年，是香港一所由家族擁有，自資營運的慈善組織，初以推廣中國文化藝術為目標。至 1998 年開始關注教育發展的需要。當時主要補助學業成績出眾，但受限於經濟條件的學童負笈海外進修。此舉除為培育本地人才，更希望為學童提供轉化性的學習經驗。自 2013/14 學年開始，香港學童輕生個案接連發生，個案甚至涉及年齡尚幼的小學生 [1]，任何關心教育的人都為之深感沉重。教育工作，不應只為學生提供知識與技術，更應為他們提供一段快樂、自信的成長經歷，而這方面的情意教育，不能單靠學校的老師或課程來完成。始終教育重塑的工程，與社會各個持份者息息相關（Bronfenbrenner, 1994）。

　　面對學童的福祉及寄望他們未來能在社會上有更好的發展與貢獻，作為香港本地的一所慈善組織，無論是在提

1　根據《防止青少年自殺工作小組提交予行政長官的報告》所提供數字，2013 至 2017 年間 10 至 19 歲學生自殺死亡個案共 37 宗。

供資源上，還是在為學童創建更好的學習環境上，北山堂都當仁不讓，責無旁貸。回應 2013/14 學年學童輕生個案，北山堂積極為本地教育及學童身心福祉謀求出路。時值正向心理學理論及實證經驗已趨成熟，北山堂團隊因而參考正向心理學之父 Martin Seligman（2011）的 PERMA+H 模型，以及澳洲 Geelong Grammar School（下稱「GGS」）全校正向教育經驗（Norrish, 2015），範疇包括「正向情緒」（Positive emotion）、「投入感」（Engagement）、「正面關係」（Positive relationship）、「意義」（Meaning）、「成就感」（Accomplishment）及「身心健康」（Health）。2014 年，北山堂正式將正向教育引入香港，期望揉合正向心理學的科學知識及有效的教學實踐，幫助本地學生增進身心健康，提升幸福感，在個人及社區層面發掘潛能、發揮所長。

早期階段（2013/14 至 2018/19 學年）：建立香港學界對正向教育的廣泛關注

當時正向教育對香港學界是個嶄新的概念。北山堂於 2013/14 至 2018/19 學年間的工作集中在三個範疇，目標是要建立基礎，以支援正向教育在本地的推廣及未來發展。首先，北山堂與澳洲 GGS 開展長期合作關係，定期邀請專家團隊來港舉辦專業培訓。除為本地教育工作者介紹正向心理學及正向教育的理論與知識，GGS 更帶來寶貴的實踐及發展經驗，吸引了一批大專院校、社福機構人士開始認識正向教育，啟發他們開設不同形式，針對不同對象的正

向教育研究、服務及學校支援計劃。學校自此開始參考正向教育及相關實踐理論，按照校本需要自訂目標及行動方案；一面進行教師培訓、家長教育，一面引入校外資源及服務，開展校本實踐工作。其次，北山堂更集中投入資源及人力，支援本地一所政府津貼小學進行一項為期五年的先導計劃，並聯同大專院校，為這所小學提供教師培訓、家長教育、課程和教學發展以及效能評量工具等不同配套服務，令該校得以全面實踐正向教育。該先導學校除兩次獲得教育局頒發教學獎項[2]予以肯定外，更在不同場合積極分享、帶動交流，為學界提供了重要的示範作用，加強了本地學校對推動正向教育的信心。再者，北山堂善用與海外學者和本地持份者的連繫，利用大型研討會、講座、跨校參訪及建設「香港正向教育」網頁等平台，促進不同地區與組織之間的交流，學習最新知識及分享最佳實踐經驗。

上述早期階段的三個工作範疇，成功推動本地學界對正向教育的關注。據本地中、小學最新三年發展計劃[3]（2018-2021）所示，超過 57% 的小學及超過 22% 的中學已

2　為鼓勵香港學校回應教育改革推動整體發展及教學改進，香港教育局在2003/04 學年起設立「行政長官卓越教學獎」，嘉許於不同範疇有卓越表現的學校教師。文中的先導學校，分別因為推動正向強項於「訓育及輔導」、「體育學習領域」獲獎。

3　制訂學校三年發展計劃是香港學校實踐學校自評及問責工作的一環。根據教育局《學校發展與問責架構》，學校需要透過自評及外評促進自我完善。於自評部分，本港學校會根據辦學宗旨及學生需要擬定關注事項，並仔細釐定目標、策略大綱和時間表，計劃一般以三年為週期。由於只有津貼學校、官立學校及直資學校會在學校網頁向持份者展示相關資料，因此文中學校數字並未包括私立學校。

將正向教育或相關主題列為關注事項，擬訂多元化的策略提升校內學童及持份者的健康與幸福感。相比 2013/14 學年本地學界知悉正向教育者寥寥可數的情況，能有如此增幅可算相當難得，且有持續上升之勢，着實令人鼓舞。

現階段（2019/20 學年起）：支持學校實踐持續、有效和合乎本地情境的正向教育

鑒於越來越多學校踏上正向教育的「旅程」，在檢視先導學校及海外正向教育的經驗後，北山堂團隊於 2019/20 學年起訂定了新的工作目標，旨在協助更多學校群體持續和有效實踐合乎本地情境需要的正向教育，目標包括以下三方面：

一、建立學校教師的專業能力。每當學校需要實施新的教學理念，往往會先從教師培訓着手，因為教師是推動改變的關鍵人物（change agent）。教室是否具備充足的專業知識及技能，往往影響改革的成效。然而，正向教育的教師專業培訓，不但需要教師在知識及技術上能有所掌握，更需要從「心」出發，為教師帶來個人信念的轉化，做到以教師的福祉為依歸。正向教育視教師不只是教學執行者，更是學校群體內感染他人的帶動者，引領着整個群體邁向幸福。

面對日益沉重的工時及壓力，正向教育的教師培訓需要進一步為教師增能，支持教師體現積極、有力的應對壓力的生活方式。這亦呼應正向教育實施的框架「學習—活

出—教導—融入」（Learn It — Live It — Teach It — Embed It, Hoare, Bott & Robinson, 2017），強調「學習」正向心理學知識後，更要求教師在日常生活「活出」正向，從個人、家庭、工作與教學各層面，體驗正向教育帶來的好處，有了親身的接觸及體驗之後，才於課程及政策層面進行「教導」及「融入」。

為此，北山堂所提供一系列正向教育專業培訓（上圖）。除了貼近本地文化及學校情境，循序漸進建立教師對 PERMA+H 實證知識及技巧，更強調教師反思教育目的及個人教育理念的重要性。例如團隊將入門課程「探索正向教育」（Discovering Positive Education，下簡稱 DPE）內容本地化並以粵語講授，強調參加者透過小組學習，反思教學工作者追求健康與幸福的初衷（why）；同時，「正向教育專業研習圈」也會向參加者介紹具實證支持的介入方式（know-how 及 how），要求參加者在個人或校園情境中身體力行，對實踐過程進行省思。從以下參加者的訪談意見可知，正向教育的專業培訓除了分享知識及技能外，更重要是連接教師對本身教學角色的理解，以至與外顯的教學行

為互相配合：

經歷了這些反思、自省的過程，促使我在不同時候也會提醒自己在教學過程中必定要做到「言行合一」，時刻銘記自己作為支持者及促進者的角色，為學生培養對學習的動機及興趣時，要顧及其性格強項、情緒狀態，支持其將刻意練習變成習慣，並為學生發掘學習及經歷不同的目的。

參加者於「探索正向教育 DPE」課程中親身體驗正向教育

停止面授期間的網上培訓

幫自己：照顧自己 SELF NURTURANCE

給自己的4項能力

 1. 回到當下　　　　S tay Here-and-Now

 2. 傾聽情緒　　　　E motion

 3. 找到最愛　　　　L over

 4. 成為自己溫柔且堅定的朋友　F riend

Reactive – Responsive
反應　　　回應

此外，教師的專業增能需由個人（intrapersonal）走向群體（interpersonal），因此不論是研習圈或是強調領導增能的「至正教師」（PosEd Facilitator）計劃，目標是讓在正向教育發展有相同心志，但來自不同背景的教師能有機會走在一起，在不少於一個學年的時間內互相學習、啟發，探討有效策略，並就面對類近的困難共同磋商解決方案。與其他教育的先行者一樣，在校內推動正向教育的老師，雖肩負帶動的責任，但卻往往未被校內同儕所理解。不過，從以下受訪教師訪談可見：在志同道合的群體中卻反能彼此感染，互相砥礪，始終堅持初心，在正向路上走得更久更遠：

> 你看見其他學校做的時候，你會覺得這條路並不孤單。有時候你做起來，有些同事不明白你說的是甚麼，原來外邊有很多人都做正向教育。

北山堂提供的正向教育教師培訓，內容上把海外理論與本地文化情景結合，形式上亦銳意突破單次單項，只停留於知識、技術傳授的培訓模式。培訓期望透過理論與實踐並重，以「心」為本，建基最佳實踐經驗、體現於群體學習的方式來建立教師的專業能力。

二、透過研究推動發展。要知悉推展正向教育的成效及總結經驗，研究實為不可或缺的一環。對學校教師而言，「研究」大多被理解為學術研究，學校或教師往往被界定為「實踐」的一方，或是被「研究」的對象。但「研究」與「實

踐」兩者若能更好地結合，將更能體現研究結果對規劃及持續優化實踐所帶來的作用和意義。有見及此，北山堂於2019/20年起成立研究團隊，推動本地化的研究，當中包括四個主要目標：1) 設計具針對性及有效的研究工具；2) 以研究數據支援學校規劃及實踐；3) 累積知識、以實證回饋前線同工有關正向教育的最新發展；4) 善用不同渠道分享研究所得，提升社會對正向教育的關注，向社區持份者提出倡議。這四項目標環環相扣，缺一不可。

北山堂與學校合作多年，前線實踐經驗豐富；因此在推行正向教育研究上能做到理論和實踐並重，不但讓實踐帶領研究的方向；同時亦令研究成果為實踐工作提供更適切有效的回饋。團隊回顧北山堂發展正向教育的經驗，配合現時學校發展和實踐需要，靈活適時地訂定研究的關注點。研究團隊成員包括臨床心理學家、學校改進及課程發展專家、正向心理學從業人員等不同專業人士。知識方面，既參考海外及本地研究成果，亦諮詢本地學者及教育工作者的意見，使研究既能遵守科學的嚴謹準則，同時亦體恤前線的實際關注及需要。

目前團隊已歸納出一個包含學生、學校、家庭等多層因素的模型及量度工具，用作探討學生的健康和幸福感是如何由情意、認知、技巧及環境等四項因素共建而成（Diener, 2000; Sirgy, 2002）。學生、教師及家長均為研究對象，所得數據有助了解個人因素、環境及照顧者如何影響學生的健康與幸福。團隊已於2021/22學年進行先導測試，

收集了本地 30 間中、小學共 11000 位學生，2500 位家長，及 500 位教師的數據。分析結果顯示，不同級別學生的個人幸福感顯着受着學校生活經歷所影響。此外，不同學校之間的學生幸福感亦呈現顯着的差異，說明假若學校希望透過正向教育提升學童的身心健康，便需要仔細檢視校本情勢，釐清學童的需要及切入點，從而策動適切的介入方案。

研究團隊了解學校在應用數據及研究結果上的困難，因此會在數據的分析、展示和解讀上作出調適。通過了解學校需要，貼近校情，着眼學校優勢，推動學校上下討論，凝聚共識，從而達至共同願景。展望未來，北山堂期望能進一步提升學校教師的數據涵養，教研並重，令正向教育的成果更為豐碩。

三、與社區共建共享。如前所述，下一代的健康與福祉不但需要整個社會的共同關注，更是大眾的責任。近年大大小小的非政府組織、大專院校、辦學團體均按照各自的專業、資源和經驗，為他們的服務對象訂定及發展不同的正向教育行動方案，當中的努力、知識及累積經驗相當可觀。有見及此，為產生更大的協同效應（synergy），北山堂積極與社區不同持份者合作，整合教學資源，加強、擴闊現有教師專業增能及研究的效果。例如，透過與本地辦學團體的合作，希望透過屬會學校的成功經驗，加快擴大正向教育的實施；同時亦吸引其他辦學團體支持更多學校實踐正向教育。另一方面，北山堂又匯聚社區資源，揉合

不同專長，創建更多促進學童健康與幸福的途徑。例如北山堂與本地博物館有深厚協作關係，團隊正積極構思透過結合博物館及文化藝術的學習，加強本地中、小學在正向教育與中國藝術文化教育兩方面的連繫。

自北山堂團隊訂定新的工作目標，已經有 56 所學校的教師參與正向教育專業研習圈，亦有 38 所中、小學參與研究工作，學校教師的積極參與、身體力行，足證本港教育界在推行正向教育上已踏進新的階段。正向教育從一項嶄新的倡議，至今已慢慢扎根於香港學校當中。

疫情下的挑戰與回應

2020 年起新冠病毒病肆虐全球，香港更在 2022 年 3 至 4 月期間宣布中、小學及幼稚園停課。無論教師、家長和學童在日常生活及身心健康各方面，均面對前所未有的挑戰。有見及此，北山堂團隊運用正向心理學的科學知識及實證方法，製作一系列淺易有效、方便使用的網上素材——「正向居家小錦囊」（PosEd Strategies Playbooks），支援家長和學童居家期間，透過簡單可行的活動，提升他們應對逆境和挑戰的能力和心態，當中包括如何協助學童表達及應對焦慮和壓力，提升正面情緒，建立緊密又彼此支援的關係，維持有序和具投入感的生活等。此外，團隊又透過舉辦視像聚會與教師及家長交流，主題包括照顧者的健康策略，以及預備學童適應復課的實務建議等。以上透過互聯網與社區和家長直接聯繫的工作，在 2022 年 3 月

至 4 月間連繫了近 6000 位受惠人士，參加者在使用這些網上資源及視像聚會留下正面回應，均表示內容有助他們掌握在疫情期間照顧個人及學童身心健康的有效方式。

淺易有效、方便使用的網上素材 ──「正向居家小錦囊」

下載所有
正向居家小錦囊

正向教育的長遠發展

由引入正向教育初期到現在備受學界廣泛關注，北山堂在建立生態，提升學校教師專業能力，進行研究推動發展，以及與社區共建共享等方面努力不懈，為正向教育在香港的長遠發展奠定了堅實的根基。

為使正向教育在未來能更好扎根於學校，使學校持份者對學生的內在素質和學術成就有同等重視，北山堂會繼續與學校及社區攜手合作，朝着以下目標進發：1) 加強學界認識正向教育在本地學校及文化情境下的落實與調適；2) 了解正向教育與學與教的緊密關係；3) 促進學界利用研究推動正向教育的發展；以及 4) 連繫社區資源為學校推動

正向教育提供更多元化及優質的平台。

　　北山堂作為本地一所私人家族擁有，自資營運的慈善組織，樂意持續為香港的教育發展提供各種社區資源。除了積極投入與參與，我們更渴望與香港學界一同建構及實踐對教育的良好願景，為建設未來社會同出一分力。

參考書目：

Bronfenbrenner, U.（1994）. Ecological models of human development. In T. Husen & T. N. Postlethwaite（Eds.）, *International Encyclopaedia of Education* (2nd ed., Vol. 3, pp. 1643–1647). Oxford, UK: Pergamon Press and Elsevier Science.

Diener, E.（2000）. Subjective well-being: The science of happiness, and a proposal for a national index. *American Psychologist, 55,* 34-43.

Hoare, E., Bott, D., & Robinson, J.（2017）. Learn it, Live it, Teach it, Embed it: Implementing a whole school approach to foster positive mental health and wellbeing through Positive Education. *International Journal of Wellbeing, 7* (3) .

Norrish, J.（2015）. *Positive Education: The Geelong Grammar School Journey.* Oxford University Press.

Seligman, M.（2011）. *Flourish.* New York, NY: Free Press.

Sirgy, M.（2002）. *The Ppsychology of Qquality of Life.* Dordrecht: Kluwer Academic Publishers.

回歸基本步：從「頭」、「心」、「手」學習品格教育

品格教育協會執行總幹事
梁鈺鈿

近幾年，教育界和社會都在討論社交和情緒學習（Social Emotional Learning），很多人會認為這與品格教育很相似，甚至同屬一門學問。但我們認為，與社交和情緒學習相比，品格教育其實更重視學習技能，如自我管理（self-management）能力、自省反思能力（self-reflection）、建立正面關係（positive relationship-building）等。這些都是可以學習的技能，能引領孩子建立正確的人生觀。

人們常說品學兼優，然而社會或考試制度卻都較側重於學業成績，「品學兼優」變相「學品兼優」是不健康的做法。如果將小孩的價值定位於如學業成績等外在因素，一旦他們去到更好的學校，面對比他們更優秀的同學，他們便會失去自信。這正是他們把自己的身分認同感建立於容易被影響的外在因素的原因。相反，內在因素如品格特質，則較難會因為環境而改變。舉例來說，如果孩子的品格特質是好奇心，無論到了任何地方，他都會是一個對任何事物感到好奇的人。

近年學校較重視情意學習，無奈遭遇疫情，同學需長時間上網課，家長特別憂心孩子能否趕上學業進度，學習

的重心多側重於學科成績。再者，居家上課以及一系列的防疫限制，導致同學缺少與其他同齡小朋友的社交互動、溝通交流，變相減少了日常培養品格的機會，尤其是學習尊重他人、寬恕、團隊精神等較需要從社交互動間學習的品格特質。有見品格教育學習機會欠奉，協會在 2021 年推行「品格小孩計劃」，每週到校進行品格教育工作，透過整全的品格教育課程，配合體驗學習模式，培養學生成為富同理心、學會了解自己和他人需要，並關懷社會的學生。

理論框架

品格教育很重要，但說到底，如何教才好？由著名美國兒童心理學學家 Michelle Borba 提出的「頭、心、手」理論（Head-Heart-Hand Approach），透過讓學生深入理解品格特質（頭）、再引導他們設身處地，用心感受品格特質，例如當自己沒有被尊重會有甚麼感受（心），在認識和感受品格後，在日常生活中實踐品格（手）。

品格教育理論
框架

品格教育是 ...

頭　　　心　　　手

理解　　感受　　行動

教學策略

協會的品格課以單元形式進行，每個單元均以一個主題貫穿。依照「頭、心、手」理論，每個單元由強調品格特質開始，解釋該品格特質的意思（頭），再教授及示範該品格特質（心），透過互動記錄表，讓同學紀錄他們在課外實踐品格特質的經歷和過程（手）。

以尊重（respect）這個品格特質為例，單元會以學會尊重他人的初級小廚師為主題，第一堂以楊桃、木瓜等水果中的星形種子，說明每個人像水果一樣，雖然外在不同，但內裏我們都有自己的星星，每一個人都有價值，都應該被重視。

教學活動則以分組方式，請同學以同樣的四種材料，讓團隊設計不同的甜品，由此說明每個人的想法、喜好都不同，大家都是獨一無二。另一項教學活動為二人訪問形式，根據同學對朋友的認識，寫下他/她喜好，再親身訪問朋友，通過親身體驗自我判斷和現實的反差，讓同學明白該避免為自己的假設下判斷，並尋求理解以示對他人的尊重。單元的最後，同學學習如何透過肢體語言、說話和心態，在日常生活裏展現對他人的尊重。

資料來源：M. Borba(2001)，Building Moral Intelligence, Jossey-Bass
http://micheleborba.com/michele-borba-blog-5-steps-that-strengthen-character-in-our-youth-parenting-teachers/

除了以「頭、心、手」為大框架，品格教育的課程也需要隨不同年齡和發展需要而遞增。例如，每當教授「責任心」這個品格特質，對年紀比較小的同學，我們會從自己的物品開始引導，譬如要對自己的東西負責任，要收拾好玩具、整理書包。初小的同學則便是學習如何對時間、情緒負責任，例如生氣的時候該如何注意身體的變化，讓自己冷靜下來。高小或初中則著重學習對網上行為負責任。

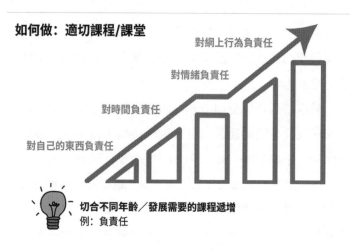

除了校內課堂，協會也「走出」教室，與其他教育機構合作，舉辦親子共學品格教育日，讓家長與學生共同參與體驗活動。活動中，家長與學生扮演小小探險家，穿梭極地、海洋和熱帶雨林，除學習大自然的知識外，也在遊戲中鞏固對品格的認識，同時建立愛護大自然及保育意識。

　　無論課堂內或課堂外的品格學習，我們都盡量把品格融入學生的生活，以生動的主題貫穿每個單元，例如會寬恕的初級科學家、善良的醫生等，並以特定的角色學習品格特質，盡可能讓品格這種內在素質在課堂裏變為看得見（making learning visible）。

反覆疫情的反思

　　反覆的疫情讓我們明白，課堂可以改在網上進行，知識可以在網絡上吸收，但孩子一生受用的品格卻需要家長、老師著重培養和鞏固。課堂教學的時間往往有限，我們常希望同學能更快明白品格的重要，掌握自己的品格強項。同時，我們也一直提醒自己，因為好的品格是一生受用，所以需要長時間培養、內化，不是像魔法般瞬間變化或生成。

　　品格教育的工作是漫長的旅程，我們一路走來，每一天都在學習。在旅程中，一直支撐着我們的，正是協會的信念：智慧加上品格，那才是教育的真正目的！

啟「發」導「航」：亦師亦友

「教育無邊界」項目經理
陳慕賢

一、優質教育從關顧學生成長開始

「教育無邊界」致力為資源不足的中學生提供創新而有效的學生啟導及學習支援服務，提升學生的自尊感、學習態度和學習動機，從而啟發他們追尋更美好的將來。計劃以校本模式與夥伴學校合作，派駐年輕的大學畢業生於本地中學作全職的啟導友師，開展兩年的學生啟導及學習支援，再融合學校的制度及未來發展方向，由學校主導，實踐三年的啟導延續計劃。

啟導(Mentoring)，是有目的地建立一對一的關係，透過關係促進相互成長(Grant, 2016; Law, 2013; Schunk, Pintrich, & Meece, 2008)。啟導著重同行的過程，啟導友師以亦師亦友的態度，與同學一同經歷、一同探索。這些啟導友師剛從大學畢業，各自有著獨特的成長故事，同時抱持對青年教育的熱誠，正好能夠將心比心，推己及人。過程中友師陪伴在側，不時鼓勵，並以同理心、好奇心出發，積極聆聽，引領學生反思學習，發掘學生的優點和潛能，從而啟發身心靈的成長，幫助學生在學習上進步，積極投入自身和學校的生活。學生經過啟導後，可以正面推升他們的自尊感、學習態度和學習動機。

二、疫情前後校本啟導服務之轉變

自 2020 年初新冠疫情大流行，社會和經濟地位處於弱勢的學生，他們的學習差距因停課而進一步擴大。同時學校面對不斷改變的授課模式及追趕課程進度，亦承受著巨大壓力。疫情為學校在接觸學生的工作上帶來了不利影響。教育無邊界的計劃正正在這種情況下發揮了更為關鍵的作用。 教育無邊界的應對措施可以快速、明確和有效地滿足學生的在新常態下的新需求。

自新冠疫情的第一波以來，我們重新設計並不斷改良啟導服務的模式、介入技巧及工具等等，以應對面授、網課以及混合教學模式。我們為此建立三種不同的啟導服務模式：模式 A，B，C（請參閱表 1 - 模式比較）。每個模式因應授課模式和學生的需求，靈活調整啟導友師的培訓內容以及介入技巧，檢討與學校的合作模式。每個模式雖各有不同，但受惠人數及學習成果，包括提升學生的自尊感、學習態度和學習動機等指標，均保持一致。以下將詳述各個模式如何適時、有效地回應授課模式的轉變及學生因疫情而產生的新需求，並整理老師、學生的意見回饋，展示各個模式的成效 。

三、疫情前的校本啟導服務

受惠於教育無邊界校本啟導服務的學生，他們往往自尊感低落，學習態度冷淡，學習動機薄弱，英語或其他非

學術能力表現也欠理想。教育無邊界派駐啟導友師到校進行校本啟導及學習支援，藉友師與學生面對面接觸和交流，建立啟導關係。我們也會善用學校環境，為學生提供多元化的學習機會，例如英語小組、桌遊體驗等，並紀錄學生的學習行為，量度學生在自尊感、學習態度和學習動機三方面的長期變化，及時給予回饋和鼓勵。

從這種貼身的校本啟導服務中，學生可以得到教師以外的年輕友師所給予的關注，有助他們在青少年成長中建立更健康的自我形象和社交技巧（Karcher, M.J., 2008; Cillessen, A. H. N., Jiang, X. L., West, T. V., & Laszkowski, D. K., 2005; Loïs Schenk, Miranda Sentse, Margriet Lenkens, Gera E. Nagelhout, Godfried Engbersen, & Sabine Severiens, 2020）。在同行的過程中，友師像一面鏡子般刺激學生反思平日的學習行為，正面地鼓勵學生作出改變：

學習態度：學習的意向有顯著的正面改變，並會在學校主動與他人互動。

自尊感：更加肯定自己，社交技巧有進步，並能清晰表達實踐個人目標的方法。

學習動機：對參與學校生活的熱誠有明顯上升，並投放更多時間增長知識和擴闊視野。

在一個學年裏，友師透過一對一互動，以及小組和課堂內外的活動，發展出四個階段的啟導關係：物色同學、建立關係、鞏固成效、延續改變。這種階段性的發展聚焦於友師如何針對學生的學習和成長需要，建立互信關係。

友師與學生一同訂立目標並實踐改變，擴大支援網路，讓學生可以相信自己，接受改變，更為自主地去學習，去得到其他人特別是老師和家長的認同和肯定。

以 2018-2019 年為例，教育無邊界服務了八間中學，為一百四十多名學生提供一對一的啟導服務，超過一千名學生直接獲得支援。曾接受啟導的學生，他們的自尊感、學習態度和學習動機比同校學生均有顯著進步。

四、疫情初期的學習挑戰與成長

2020 年新冠疫情爆發，全港學校緊急停課。雖然學界快速應變，儘力協助學生「停課不停學」，作為學校的緊密合作夥伴，友師亦看見同學面對幾項重點挑戰：

學習的節奏：在家學習難以集中，容易變得懶散

學習的氣氛：感覺在網上課堂比在實體課堂學得要少，擔心成績追不上

師生互動：嚮往在校園與老師和同學相處及交流的時間

身心靈培育：欠缺運動和音樂等各式各樣的群體課外活動，生活乏味

當學校積極用心地鼓勵學生在家學習時，友師也在學生及學校同意下取得學生的聯絡方式，遙距進行個別及小組啟導。這其實與學校班主任的「陽光電話」政策互相配合，友師可為一些特別需要關顧的學生提供額外的心靈和學習上的支援。友師亦善用視訊會議平台的功能（如私訊

功能、分組討論室等），於實時網上課堂中提供額外的教學支援。可見友師仍然能夠發揮疫情前的啟導角色，即針對學生的學習和成長需要給予陪伴和支持，以遙距形式，保持或重建互信關係，推動學生自身改變。鑑於以上疫情初期的挑戰，友師在啟導關係中針對以下需要，為學生提供支援 ——

學習自主：友師聆聽學生獨自遙距學習時缺乏自主的需要，協助學生重新審視自己的學習、作息時間，帶領學生了解自己的學習興趣，尋找合適的學習工具和方法，學會適時適當地尋求同學及老師的幫助。友師們體會到幫助學生認識自己和提升自我意識能有效提升他們自主學習的能力。

正向關懷：疫情初期，學校逐步試行網上學習，友師抓緊時間，因勢利導，主動聯繫學生表達關心，也用不同方法增加遙距互動，建立輕鬆友善的氛圍，幫助學生走出居家抗疫的不安和孤獨。

在短短一年間，教育無邊界累積了寶貴的經驗，快速、明確地掌握了學生因疫情和停課而產生的學習和成長需要，以遙距啟導的方法幫助在家學習的學生增強自主學習的信心，建立正面學習的價值觀和習慣，有效維持學生的學習動力，並鼓勵他們在學習方法上作出不同嘗試。

「友師 Miss Yoanna 在一次傾談中得知 Polly 比較擔心復課後趕不上進度，有機會影響選科。平日 Polly

習慣在補習社溫習和完成功課，回家後就休息。停課期間補習社關閉，家裏也沒有一個良好的學習氣氛。對她而言，在家學習不是一件容易的事。Miss Yoanna 邀請她先分享近來的生活，再一同檢視及討論如何調整時間表，建立每天學習和拉筋的習慣，準備復課。Polly 表示，寫時間表前自己懶惰得很，渾渾噩噩地過日子。圖書館、學校、補習社都沒開放，欠缺一個她能集中精神的寧靜環境。訂立清晰的目標和時間表後，生活變得充實，亦有意志去改變自己。Polly 現在每天都會抽時間拉筋，並花時間溫習和做家課，建立在家學習的習慣。」

「學習是無止境的，在哪裏都可以學習，我從友師 Miss Cheung 身上學到堅持和堅毅。疫情期間，友師都很積極聯絡學生，關心我們的健康。疫情打亂了我們正常的作息，讓很多人都失去了工作，學生沒法上學，但友師會和我在 Zoom 進行啟導，讓我跟上學習和提醒自己要自覺去完成，去堅持。友師的堅持值得我們學習，她會像關心家人一樣去關心學生。」

「我從 Miss Chan 身上學到關心別人。跟 Miss Chan 聊天可以分享我開心和不開心的事，令我的心情平靜。她是一個很開朗的人，給我不少關心和鼓勵，我慢慢學習關心別人，人際關係也變好了。我有英語的煩惱都可以問她，減少了我對學習英語的壓力，增加了我對英語的興趣，真的非常感謝 Miss Chan 的

教導。」

—— 摘錄自《啟導時刻同行 跨越挑戰》的友師和學生分享

友師在停課期間以個別和小組形式關顧學生在家學習情況，為學校提供了額外的切入點，幫助學生儘早找到學習的難處，尋回學習的動力和興趣，正面地平衡健康生活與學習，懂得自助助人。

啟導友師與小組
學生的合影

啟導友師與學
校分享疫情下的
啟導焦點。

五、在新常態學習的挑戰與成長

　　香港在 2020、2021 兩個學年間經歷了四波疫情，社
交距離措施時寬時緊，學校曾經在全面線上授課的情況下
開學，而半日實體課堂時間表也曾長時間被無奈採用。在
這個新常態下，我們必須承認面對面接觸的機會減少，但
不至於完全消失。所以，啟導服務亦隨之革新。

　　（一）啟導著重關係（relationship building）。友師在不
斷實踐中發現，面對面接觸仍然是最有效建立關係的方法。

所以，友師會善用半日面授課堂的時間在校內啟導學生。這需要學校緊密的配合，讓友師能進入課室或制定簡而精的課餘時間接觸學生。

（二）建立關係需要足夠的溝通。疫情下學生得到各種基礎配套上的支援，友師可以大幅探索線上啟導模式，補足有限的面對面交流，同時開拓新的支援模式。實時啟導模仿實時課堂的模式，預先約定學生見面時間，可以用視訊或通訊軟件做到交流甚至玩遊戲和小組分享。非實時啟導模式則善用通訊軟件不定時交流有趣資訊或跟進特定題目的學習，彈性地讓學生自主回應和達成小任務等。學生也在這種輕鬆、彈性的模式中，更願意主動找友師傾談或幫忙（Harrison, M.G. , Luk, B., & Lim, L., 2019）。

學生以拍攝短片作為分享

（三）啟導針對人的需要，有助建立新的學習行為和習慣。友師貼身地照顧學習差異，特別是較被動和缺乏自信的學生，在網上學習時鼓勵學生用不同方法參與活動，例如使用聊天室打字，在電子白板上畫畫，鼓勵學生每次見面時需要適當地回應問題，即使是進入視訊會議，需要更改自己名字及準備好所需器材等這些小動作和習慣，友師都予以肯定。

（四）及時回饋可提升啟導成效。友師善用線上跟進數據系統，更新網上學習的行為表現指標，在學生課業進度難以即時跟進的環境下，提供替代的學生進度回饋。

回想這兩年間，學校間不乏討論有關新常態學習的啟示，從「回復正常」到「持續電子學習」，感恩我們的努力得到無邊界學校社群校長們的肯定。混合式啟導模式能夠攜手學校促進學生成長，提升學生學習成效。透過校內友師與老師緊密合作，在停課和復課期間做到良好對接，讓學生有充足的照顧，真正做到無間斷學習。在 2020-2021 年，

教育無邊界服務了五間中學，超過五百二十名學生直接獲得支援，為九十多名學生提供了一對一的啟導服務。這些啟導學生中有九成學生在自尊感和學習態度方面均呈現了正面改變。以下摘錄年報中一個校本活動的成果分享：

> 「夢想飛航伴你同行計劃」與生活、歷史和社會科老師及就業輔導組合作，透過六節實體和四節線上工作坊，幫助學生發現自己的優點、性格和目標，反思如何克服困難並專注於實現目標，同時鼓勵學生分享自己的故事，互相支持：

> 「原本我在學校也不太敢去和其他人交談，這也是我第一次和老師交談那麼多！我不會放棄自己的夢想，我會努力的！」—— 學生分享

> 「他們的活動和我們的職業發展活動互相呼應，我認為他們著意地配合我們的主題。」—— 老師分享

六、第五波疫情重創下的緊急支援和重要啟示

2022 年初爆發第五波疫情，在醫療系統無法負荷的情況下，學校再度進入全面在家學習，甚至出現了首次「特別假期」的安排。雖然啟導工作已適應新常態，但是友師很快就發現，這兩年間較深層次的問題，醞釀未解，並急速浮現出來，影響學生的學習和成長需要：

（一）家庭關係惡化。低收入家庭的學生在高壓環境下容易與家人發生衝突，即時和直接影響他們的心理質素和學習心情，也影響他們原本已經有限的師生交流。

（二）學習差異擴大。累積下來的學習進度問題，加上疫情持續地影響家庭生計，學生很容易在這段期間失去動力，跌入舒適圈中，過度沈迷電子遊戲或顛倒作息時間，無法投入正常學習。

（三）多重需要。自尊感較低的學生比以前更被動參與課堂或有缺席情況，初中學生在動機和態度上的問題亦同時出現，反映他們缺乏正面的模範和社交學習。

這次疫情再次催逼我們反思學習的基本條件，就是學生必須擁有健康的身心靈和正面的人際交流。這啟示亦引領我們回到啟導的根本，也即人的需要和關係的建立。年輕的友師亦在此艱難環境下被激發潛能，帶動以下幾項啟導核心工作：

（一）在關鍵時刻表達同理心和關懷。友師在實時交流中較容易發現學生的情緒變化，在關鍵時刻表達關注，及時陪伴和幫助學生向學校或經學校轉介向專業人士尋求幫助，避免了數次自我傷害或暴力事件的發生。

（二）在限制中帶動微小的改變。友師保持開放的態度和耐心，引導學生在有限環境下作出微小的改變，例如每日分享一個與生活有關的詞語／顏色／心情，個別提供功課上的解答等，重新訂立啟導目標以貼近他們的現況去帶動正面轉變。

（三）刻意營造分享的氛圍。透過友師自己先做模範，鼓勵學生同樣地去分享樂與悲，慢慢探索自己的需要、長處、理想。

（四）發掘新技能和新機遇。不少友師發現學生在適應新科技上鍛鍊了不同技能，例如拍視頻、電繪等。友師藉此激勵學生拍攝英語短片來分享生活，甚至在隔離營中，一同在網上設計電子新年揮春，彼此致以關心和祝福。高年級的學生也被鼓勵擔當大哥哥大姊姊的角色，在友師染疫時，繼續經營群組，鼓勵低年級學生繼續學習，發展出朋輩啟導的關係。

第五波疫情帶來的挑戰，催逼我們更快速、準確地透過提升友師的應用數位能力，在艱難的條件下維持校本啟導的核心效能，為學生的社交和情緒健康提供了緩衝作用（Karen Komosa-Hawkins, 2012），幫助學生管理情緒和調適壓力，提升社交技巧、解難能力，鼓勵求助行為等。其中一個很感恩的例子是教育無邊界畢業友師發起了一次「Stand by You」物資援助計劃，動員了董事局和歷屆畢業友師義務幫忙，在 2022 年 3 月的關鍵時刻為一百零五個學生家庭捐贈及送遞食材及防疫物資，更加突顯教育無邊界與學校緊密合作下緊急支援學生需要的果斷決心，亦收到很多學生的正面回饋：

　　「疫情之下，家人失去了工作，我和妹妹失去了自在返學，無憂無慮和同學們相處的空間。現在如果我

有逆轉空間的能力，我想立即逆轉空間，變回那個繁榮昌盛，活力四射，璀璨的香江。在這危難時期，能夠得到教育無邊界的支援，即使親人不在我身邊，但愛心、溫暖卻伴我左右。感恩！感謝！」— 學生分享

「在這疫情時代，我無數次想去的地方都被逼擱淺。在中學最尾聲階段，本應該是揮霍青春的年紀、感受美好的校園生活。我們總說『還有下次機會』來安慰自己。但這是我們唯一的中學生涯、青春，每一刻都是不一樣，錯過了就沒有下次。疫情教會我最大的道理是：『持續的疫症讓我們明白健康的重要。世界彷彿提醒我們要學會珍惜。』」— 學生分享

第五波疫情期間捐贈及送遞到一個家庭的食材

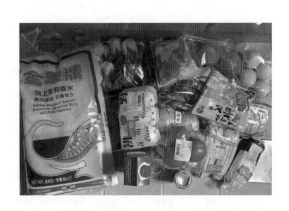

除了與學校緊密合作，我們也在企業伙伴的支持下，發展出新式「筆友計劃」，結合書信和網上視訊交流，聯繫香港和日本、印尼兩地的學生，在疫情下建立難得的友誼關係和另類的英語學習體驗。第五波疫情對社會，對學生的學習和成長需要仍會帶來一段時間的持續影響，但我們

相信以上所提及的不同形式的啟導，將一點一滴地幫助學生建立健康的自尊感、正面的學習態度和提升學習動機。

學生與啟導友師
互助送贈心意卡
表達謝意

七、總結

疫情還沒結束，學習依然繼續。教育無邊界的啟導服務將繼續為學生提供更優質的情意學習，促進更正面的師生關係，引領學生更積極地學習、成長。疫情期間帶給我們的學習，就是不斷推動發展適合學生、學校的啟導模式，從友師方面發揮「我要先聆聽、明白他們」、「我也可以被關心，也要關心自己」、「發掘可能性和潛能」、「點燃想改變的心」、「即時、直接的回饋」、「不斷地鼓勵」的啟導精神，從學生方面做到「有人關心我」、「有人聆聽我」、「有人陪伴我」、「我知道我想做甚麼」、「我可以做到」、「我做到了」的影響。

謹以教宗方濟各在《讓我們勇敢夢想：疫情危機中創造美好未來》中的一段自序與各界共勉：「我們必須清楚地去看見，睿智地去揀選，正確地去實踐」。讓我們一同為年輕一代的未來和教育繼續努力。

表 1 - 模式比較

	A 模式	B 模式	C 模式
條件	全日制面授課堂	半日制面授課堂 + 線上實時互動	暫停面授；全線上同步或非同步互動
學生需要	自尊感、學習態度、學習動機、學業能力	社交技巧、自我管理、學習效能	人際關係的疏離或衝突、社交及情緒抗逆力、創傷知情照護
友師培訓	領袖培訓、啟導技巧、課室管理、體驗式學習	情商訓練、新常態啟導論壇、自我探索及學習方法	數位能力、混合工作模式下的幸福感、自我指導探索 (Self-directed Search, SDS)、非暴力溝通、敘事實踐
夥拍學校	學校管理層作指導教練、定期與學校團隊匯報和檢討跟進	攜手學校學生支援團隊、更緊密與學校團隊聯繫	加入學校學生支援網路、建立非同步虛擬社交或學習平台、正向啟導分享
介入模式	三層校本啟導支援：一對一、小組、全校性	緊貼復課條件儘可能進行面對面的三層支援，以個別啟導為首要；使用學校電子學習平台遙距學習和啟導	以同步及非同步互動遙距維繫啟導關係；根據活動特性和電子學習成效，發展出全線上探索式學習和混合式學習等不同啟導模式
關鍵策略	關係建立、校本支援、學習成效即時可見	維持面對面交流、創新遙距啟導、以線上跟進系統紀錄及分享學生在家學習或個人成長方面的進步	聚焦於啟導的核心、確保各種學生聯繫方式以彈性調節及發展創新啟導模式、以不同紀錄方式反映學生急切成長需要

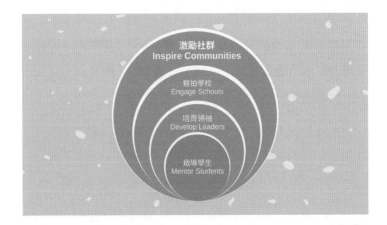

參考文獻

Cillessen, A. H. N., Jiang, X. L., West, T. V., & Laszkowski, D. K. (2005) . *Predictors of dyadic friendship quality in adolescence.* International Journal of Behavioral Development, 29 (2) , 165–172.

Grant, A. M. (2016) . Insights from the psychology of executive and life coaching. In The situational mentor (pp. 127-137) : Routledge.

Harrison, M.G., Luk, B. & Lim, L. (2019) . *'You know what, this is kind of helping me': Students' Experiences of a Hong Kong School-Based Mentoring Programme.* Asia-Pacific Edu Res, 28 (2) , 149–157.

Karcher, M. J. (2008) . The study of mentoring in the learning environment (SMILE) : A randomized evaluation of the effec- tiveness of school-based mentoring. Prevention Science, 9 (2) , 99.

Karen Komosa-Hawkins. (2012) . *The Impact of School-Based Mentoring on Adolescents' Social–Emotional Health,* Mentoring & Tutoring: Partnership in Learning, 20 (3) , 393-408.

Law, H. (2013) . *The psychology of coaching, mentoring and learning* (2nd edition. ed.) . Chichester: Wiley-Blackwell.

Loïs Schenk, Miranda Sentse, Margriet Lenkens, Gera E. Nagelhout, Godfried Engbersen, & Sabine Severiens. (2020) . *An Examination of the Role of Mentees' Social Skills and Relationship Quality in a School-Based Mentoring*

Program. American Journal of Community Psychology, 65, 149-159.

Schunk, D. H., Pintrich, P. R., & Meece, J. L.（2008）. *Motivation in education: theory, research, and applications* (3rd ed. ed.). Upper Saddle River, N.J.: Pearson-Merrill, Prentice-Hall.

青少年發展企業聯盟：職場教育助年青人自主生命機會

兒童發展配對基金主席
青少年發展企業聯盟主席
陳冀偉瑩

在知識型經濟主導的香港不難見到大量「知識改變命運」的案例，漸漸令人有種錯覺認為掌握知識就能有更好的前途、機會和工作，從而遠離貧窮。若然此論述成立，為何香港自 1970 年代推行優質免費教育至今仍有超過 120 萬人生活在貧窮線以下。而香港的堅尼係數亦長期處於警戒線水平，由 2009 的 0.437 增至最新的 0.539 高位，反映香港貧富懸殊問題仍然非常嚴重。而根據 2020 年香港貧窮情況報告，貧窮兒童人口亦同時一直有增無減，在政府政策介入前高達近 27 萬人，即四名 18 歲以下兒童中，就有一個是貧窮兒童。貧窮導致基層年青人的成長欠缺社會資本。基層父母因經濟能力差而無法為子女提供優質的教育資源，家庭亦缺乏人脈，限制了子女的視野和社會的接觸面，阻礙他們向上流動的能力，形成跨代貧窮的惡性循環。這亦反映若非有外力介入，青少年貧窮問題會更嚴重。

説到貧窮，坊間自然會認為提供金錢支援就是脱貧的良藥。作為「兒童發展配對基金」主席多年，我不否定金錢援助的重要性，但解決跨代脱貧問題，關鍵是要幫助這批

年青人向上流動，重點是要幫助他們發展，了解他們的真正需要，從而為他們開闢機會，和裝備向上流動的能力。

有見及此，成立於 2014 年的「青少年發展企業聯盟」(Child Development Initiative Alliance, CDIA，下稱本會) 致力以職場教育方式令青少年增強就業能力。例如我們藉推動針對中學生的「READY 青少年職學裝備計劃」(READY 代表 Resources for Employment and Academics for Development of Youths)，通過「生命教育」、「生活技能」和「生涯規劃」三方面為同學提供系統性的支援和培訓。經過前兩者 (即「生命教育」和「生活技能」) 培訓後，在「生涯規劃」的內容上安排他們到實體職場工作體驗，以擴闊視野眼界，建立職場人脈，獲取資訊，使他們在離校前有機會接觸商界，認識社會，做好裝備，更加有能力向上流動。

本章節會先分析阻礙青少年社會流動的因素及現行措拖的不足，並提出解決方案。盼望藉各持份者的合作消彌跨代貧窮的惡果，令青少年能活出自我，成就未來及回饋社會。

青少年的困局及現時教育政策的不足

讓我們首先了解一些基層年青人的成長背景，然後釐清一些阻礙他們發展的因素，才能對症下藥，希望從根源解決問題。

貧窮青少年普遍因為自身的社經地位比其他人低，故容易缺乏自尊、自信心不足、和缺乏動力去尋找理想職業

等。對比中產家庭，基層家庭缺少商界及社會人脈。基層學生平時的生活圈子只能接觸到家人、同學和老師，社會接觸面狹窄。他們的家長亦往往因為缺乏足夠的知識、能力和網絡去誘導子女如何選擇職業、發掘他們的潛能，導致子女未能有足夠的機會去探討自己的生涯規劃發展或作出適當的討論交流。在這些情況下，年青人只能從媒體中接收零散的職場資訊。由於他們對商界職場未有第一身接觸、對職業資訊、知識亦相對缺乏，生活在貧窮的年青人難以意識到自身的能力和興趣所在，去想像未來自己發展的可能性。

近年，政府雖然已投放資源在學校設立生涯規劃教育課程，但現時教師大多是專科出身，或經教育學院完成培訓後入職，因為背景的囿限，他們較少具備豐富的商界經驗和人脈，即使部份學校設有升學及就業指導老師，但在人手有限的情況下亦難以針對每位同學的個別情況給予意見。再者，在當下世界經濟急速發展、變幻莫測的情況下工商業不斷有行業更替和變化，同學必須有充足的行業知識才能作出適當的職涯選擇，但老師在顧及學術教育的同時，難以具備各行各業最新的資訊及足夠的商業觸覺和視野，與時並進，尤其現在產業日趨多元化，若不及時更新知識，便會停留於舊有及表面的觀察，以既有的印象去理解日新月異的行業和職場發展。這種做法會錯過了很多幫助年青人發展的機會和可能性，導致我們的下一代墮後於世界經濟發展的洪流。

現時的教育制度一向被批評為應試式的制度，以學術成績為唯一衡量學生成敗的指標。這個做法當然欠缺全面性，更未能有效地發掘年青人的潛能和興趣。正正因為年青人未清楚自己的興趣及能力，故容易胡亂選擇學科及職業，或因分數去決定揀科。選讀大學時都會以公開試成績作為選科的首要原則，而非個人興趣和理想。不少同學更會因為選科時因未能建立自己的職志想法和方向，未了解自己的興趣和能力，便人云亦云地隨便選科，最後進入與其興趣不符的行業，白白浪費才華。最後，他們可能會因為選擇的工作與自身興趣不符而未能在職涯上發揮所長，阻礙仕途的發展，形成因錯配引致的惡性循環，不利他們向上流動。社會會因為失去寶貴的人材資源而蒙受損失，承擔後果。

解決方案：提供職場教育讓青年與商界連成一綫 及早把握機遇

「青少年發展企業聯盟」成立之初，我們發現阻礙青年向上流動的根本原因並不是財力，而是個人動機與生涯規劃的不足。我們明白決定年青人未來的關鍵時刻是在中學選科的階段，因此，我們鎖定數年後即將畢業的基層學生為我們服務的目標受惠對象。精確識別根源問題後，就以一套整全且具針對性的方法模式，滙聚商界的資源力量，為基層青少年提供全面和系統性的職場教育，啟發同學的興趣和潛能，令他們在日新月異的社會經濟環境下及早把

握人生職志方向，抓緊機遇。我們強調的是一套有系統的扶育及具規模的職場教育過程。及早介入，幫扶學生提升職志意識，讓他們更有能力做好職涯裝備。

2014 年我們首度在「READY 計劃」下推出一個名為「『我才有用』青少年工作體驗計劃」（Youth Work Explorer program, 下稱 Y-WE 計劃）。通過提供「職場資訊」和安排他們到「實際職場體驗」這兩個生涯規劃和職業發展不可或缺的元素設計 Y-WE 計劃，幫助中學生規劃生涯，建立適當的視野，在離校踏入職場前做好裝備，開展美好、有意義和對社會有貢獻的人生。

我們強調的是通過以「職場資訊」和「實體工作體驗」兩個生涯規劃和職業發展不可或缺的主要元素，兩者並行。若將職場體驗及職場資訊分開處理，會欠缺全面和系統性，不利建立完整的生涯規劃和職場教育觀念。坊間不少例如「職業培訓演講」、「職業講座」、「職業博覽」等資訊性活動多為短期及一次性，雖然能為學生提供訊息，但缺乏互動和參與性，難以令學生建立長期價值觀以重視職業選擇。同時在欠缺實踐機會下，學生接收到的資訊有如紙上談兵，未能應用。又或是一些為中學生而設的短期或一次性的「職場影子計劃」，一般都只安排青年到企業及機構進行職場體驗，未能提供其他的支援和配套，如按同學興趣潛能配對崗位、或提供職業前景引導和跟進等，亦受限於職場體驗提供機構的個別行業性質，難以全面。

在「職場資訊」方面，我們結合線上線下形式為同學提

供廣泛、多元和緊貼市場的職場資訊。我們除了為學員舉辦培訓工作坊，讓他們了解各行情況及教導基本職場準備訓練外，我們更推出一輯名為「窗外藍天──各行各業全接觸」的節目（下稱「窗外藍天」或節目）。節目以網上視像形式介紹不同年青人最嚮往及好奇的行業，包括醫療護理、設計、航空、新科技、動漫、餐飲、建築等等。每集節目都邀請相關行業的資深代表向同學講解行業的最新資訊，更有專才即場直接與同學互動，解答問題，幫助他們深入認識每個行業，尋找憧憬的職涯夢想。節目由業界人士提供最貼市的資訊，如行業特性、發展前景、剖析行情、入行和晉升要求、不同工種的職位和崗位，以及發展前途，這些都是坊間不能輕易獲得的，亦是需要行內人士才能給予最適切的洞見和建議，令同學有更深入的理解，再自主決定理想職業。

而在「實體工作體驗」方面，學員參加 Y-WE 計劃能結識廣闊的職場人脈，向他們即時諮詢業界行業相關，知悉工作的發展機會。以下將會闡釋 Y-WE 計劃的實踐方法和成果。

Y-WE 計劃的實踐與成果

Y-WE 計劃結連政府、學校和社福界等民間力量，最難得是有龐大工商界的支持、為基層學生提供訊息和充分的機會，讓他們在中學階段及早認識社會、接觸商界、建立人脈和鍛鍊職場的軟實力，了解自己的潛能和興趣。這

項職場實際體驗與資訊兼備的系統可謂全港獨有，可令學員可及早準備生涯規劃，把穩向上流動的能力，把握先機，踏出脫貧的第一步。

「Y-WE 計劃」有三大特點，包括：

一、由基礎「打底」培訓、至全程監察跟進、匯報、分析評估的一條龍系統，

二、針對每名學員的興趣去配對行業崗位，鍛鍊軟實力、體驗職場，及

三、擁有超過 72 個行業的龐大商界網絡，確保有足夠的行業覆蓋面以滿足同學不同興趣潛能的需要。

首先，Y-WE 計劃設計以人為本，以人性化方法設計整個計劃的流程。我們會先為同學提供基礎培訓，令他們明白職場環境要求及工作責任等，有了清晰目標才進入職場體驗。然後，我們會分析每位學員的興趣與能力，再按其意願與合適的企業進行配對。例如同學對創科有興趣，我們便聯絡創科企業，安排為期一星期至兩個月的工作體驗，令同學有充足時間建立人脈、觀察職場環境及以第一身接觸了解行業發展。同時，我們亦希望合作的企業機構從中受惠，所以我們亦會進行「持分者能力建設培訓」，受惠者包括家長、社工、和提供工作體驗崗位的機構代表，以確保大家對扶育同學的目的和期望有一致的了解和認同，從而與 Y-WE 計劃相互配合，確保同學在計劃中獲得

全程支持，達到預期的效果。這樣的精準配對令同學可嘗試到夢寐以求的工作，又令企業了解到時下年輕人對該行業的看法和藉此發掘人才，務求令學員與提供職位的企業都能得益，達至雙贏。顯見計劃有效地配對學生興趣及職位，令學生減省摸索時間，盼望藉此能發揮青少年的潛能及開闊視野。

另外，「精確管理」方面，我們一直有專業團隊由前期分析、中期檢討至後續反思全程跟進，為雙方提供全面支援及流程監控，確保計劃質素。我們不但於計劃開始前為學員提供基礎培訓，更會在工作體驗後要求同學向本會進行反思匯報，而匯報內容亦會轉交提供工作體驗職位的機構，評估分析成效。整個過程中，我們會為同學提供全面支援及流程監控，確保質素及保障各方利益。故此，整個計劃以有系統的形式運作，既令學員有充分能力及經驗應對職場環境，發揮所長，更能使其明白自身興趣，啟發潛能。

Y-WE 計劃的扶育過程

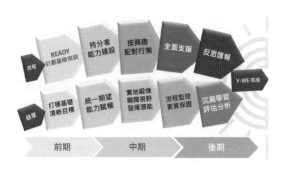

誠如香港大學前副校長及香港教育家程介明教授所讚揚，本計劃具有極大原創性及前瞻性，指「香港從未出現過如此大規模的學生參與社會實踐計劃……」。而引用前年（2020 年）香港大學社會工作及社會行政學系就 Y-WE 計劃的科學研究實證報告，參加者比其他年青人的「職業自我決策效能」（ Career Decision Self Efficacy ）、對建立自己的未來職志和人生方向，進入職場的信心和動力，及認識自己興趣行業的實際環境和入行晉升要求，都有顯著提升。反映參加者於計劃後能建立自信、動力、勇於探索更多可能性，主動尋求出路，幫助年青人積極地進入社會職場。所以，只有通過深入、宏觀及有系統的職場教育，才能令年輕人有能力及信心應對未來挑戰，從而脫貧。由此，我們相信通過實地鍛鍊，能發揮青少年的潛能及開闊視野。

Y-WE 計劃的科學實證

調查結果	Y-WE 參加者 (N = 195)	非計劃參加者 (N = 166)
對職志或人生方向的認識	5.99 to 6.33	5.84 to 5.98
對實際職場環境的認識	5.3 to 6.58	5.68 to 5.6
對感興趣的行業的認識	6 to 6.64	6.14 to 6.08
對感興趣的行業入行和晉升方法的認識	5.66 to 6.48	5.72 to 5.66
對建立自己事業的動力	6.1 to 6.49	6.02 to 5.91
對將來在職場工作的總體信心	6.07 to 6.43	5.98 to 5.9
對生涯規劃及職業決策的自我效能	36.85 to 39.06	36.69 to 36.8

香港大學社會工作及社會行政學系調研結果2019/2020

總結

過去八年，我們的 Y-WE 計劃已成功幫助了超過 1,300 名基層青少年。本會在成立以來從未遇過沒有能力及潛力

的青少年，只有自信不足及未被發掘的青少年。在回應急速變化的世界，我們更應重新思考教育的本質，不再僅重視學術教育，更要重視給予學生職場教育的機會，在進入社會及職場前能及早了解自身志向，明白世界發展和市場的實際需求，及早知道和及早學習，找到自己的興趣和熱情，激發學習的動力，找到學習的方向和貢獻自己的形式，實踐理想，回饋社會。不要讓生涯規劃流於空談。今天我們的社會如果將來想要一個不同的世界、不同的將來，我們就需要一個不同的教育方式和制度。如果還不改變，不急起直追，將來我們的孩子還有競爭力嗎？

促進青少年心理健康和社交情緒學習

香港賽馬會慈善及社區事務執行總監
張亮

香港賽馬會至今已有超過 130 年的歷史，是相當獨特的一個機構，整體以非營利的方式來經營，即沒有股東。然而其營利的能力非常強，賽馬會是全香港最大的交稅戶。2021 年，賽馬會繳交稅項約 240 多個億，佔香港政府整體收入的 6%~7%。同時，賽馬會也是全香港最大的慈善信託基金，近年每年捐贈總額維持在四十逾億港幣，而 2021 年更達到 45 億港幣。賽馬會的慈善捐贈涵蓋面也非常廣，除關注長者、復康、家庭、環保和扶貧等方面，青年和教育是我們相當重視的一些環節。在全球的排行榜中，賽馬會不僅整體規模排在世界頭十名，賽馬會慈善信託基金每年的捐贈額也是全亞洲最大。

我們先從廣闊的層面，談談對教育和青年的看法。兒童和青少年，在現在這個時代，要經歷三個非常重大的人生的挑戰或者是人生的轉變：一，是向成年過渡；二，是慢慢地向工作環境過渡（與學歷無關）；三，是全人類在向一個新的數碼時代過渡。無論是從教育、人生或智力等各方面幫助我們的青少年，我們都認為這三方面都是比較大的挑戰。

其次，從各種不同的研究，我們都可以看到，過去教育其實經歷了落後於時代的情形，慶幸教育工作者和社會已經慢慢地扭轉了這個趨勢。然而，現在我們又看到另外一個新時代的降臨，這個可能就是一個數碼時代。此時，我們的教育又能如何加速，並儘快地超越這個鴻溝……值得我們去思考的，一是整體的教育，二是教育的平衡。而且在教育當中，對不同的人群，對有不同資源的學校，如何能夠保持一個相對平衡、相對平等的發展態勢，也是我們作為一個慈善信託基金比較關心的問題。

於是，我們在教育方面有以下四個行動重點並開展相關計劃項目。第一，社交情緒學習，如賽馬會幸福校園實踐計劃、賽馬會「樂天心澄」靜觀校園文化行動、賽馬會「正正得正」教育計劃等。第二，照顧學習差異，如自閉症兒童、（香港巴基斯坦裔、菲律賓裔、尼泊爾裔等）少數族裔兒童，讓他們能夠通過教育更好地融入社會，例如賽馬會「校本多元」計劃、賽馬會喜伴同行計劃、賽馬會友趣學中文計劃等。第三，數字素養和科技教育，例如賽馬會「智‧幼‧趣」計劃、賽馬會運算思維教育、中大賽馬會智為未來計劃等。第四，從學校到工作的過渡，某程度上這也是指個人的心理準備，例如賽馬會多元出路計劃「鼓掌 - 創新教育歷程」。

在過去幾年，我們共捐贈 27 億，投放約 90 個項目，其中與教育相關的項目直接受幫助人羣約超過了 24 萬人次，多數項目更受到國際認同，尤其關於數碼教養項目榮

獲香港 ICP（香港資訊及通訊科技獎）金獎等等。另外，部分項目更是直接獲得了特區政府的採納，例如賽馬會喜伴同行計劃項目，涵蓋了香港 510 所的中小學，覆蓋全港六成孤獨症學生，2021 年獲得政府撥入支持孤獨症學童恆常服務，現已可惠及約 1000 所中小學所有的自閉症兒童。

綜上，促進青少年心理健康和社交情緒學習是我們近年關注的問題。這兩年全世界受新冠肺炎影響，香港也不例外，我們看到青少年心理健康方面有三個問題是相對突出的：一，自我心理健康意識相對比較低，非常害怕標籤、污名化，所以有時候他們不願意出來尋求幫助；二，支援的能力不足，包括父母缺乏對兒童和青少年心理健康的關注、醫療服務擁擠且高昂的成本，甚至新病人到公立醫院看精神科醫生需要排期兩年；三，不同的壓力源，如考試、疫情停課等。

為了應對以上問題，我們提倡慈善信託基金與教師、社工和家長合作，在校培養青少年抗逆能力，提出青少年社交情緒學習項目的五大指導原則：

一，促進校園及社交環境，以及學校文化，包括正向教育。如營造正面的校園環境，讓學校管理層參與學校文化轉型，建立正向教育校園。

二，對於干預模式與實踐的創新。如提供更多協助青少年的介入方法與工具，增強對青少年心理健康的關注，推廣及早識別和介入不良心理情緒，設計情意教育相關課程，並進一步把相關要素加入其他主要科目。

三，培養自我照顧的小方法。通過將情緒管理實踐，拆解為容易達到的小步驟，來增加動力，從提高意識轉向加強自我習慣效能。

　　四，學生之間的同伴支持。通過學生關係，建立學生的支持網絡，使青年成為同齡朋友的支持者，推動教師積極與學生同行，共同推展正向校園文化。

　　五，專業發展。尤為甚者，我們認為只有在教師、學校、家長三方合作的基礎上，培養教師、學校社工和家長關於社交情緒學習和心理健康的知識，問題才能往前推進。

　　例如數碼教育，必須要從學校延伸推廣到社區，甚至線上宣傳。現在的網上世界，對香港青年人來說，是和現實的世界一樣的真實，虛擬也是真實。我們希望（青少年）上網不是只是為了打遊戲。所以我們必須在這方面宣傳推廣開始加以投資，加以理解。

　　過去三年，賽馬會慈善信託基金在社區產生了廣泛的影響，我們協助了 170,000 位兒童和青少年，10,000 位教師，9,000 位家長，800 所學校，以及 9 個服務單位（包括青年中心）。在學校方面，我們利用靜觀練習降低參與學校具精神健康風險的教師比例，建立師生共同學習的場所，建立幸福學校文化以提高學習動機及表現。在青少年綜合服務中心，我們建立除家庭和學校外的社區「第三空間」，為青少年提供及早介入服務，防止精神健康問題進一步惡化，建立創新及有效介入模式，以推展至香港其他青少年服務單位。而在線上平台，我們提供差異化教學的數據平

台，為更好支援老師因材施教，打造香港首個 7/24 在線青年情緒支援平台服務，三年求助總數更高達二十萬宗。實際上我們提供這些服務，是能與學生、和青少年直接接觸的，所以我們在這個過程之中，希望有大量的合作，甚至去創造一些創新的項目。這樣才是有根源的創新，而不是曇花一現。

我們曾嘗試為所有行動項目測量和評估建立一個實證為本的方法論。這個方法論的邏輯框架，主要分為執行與變化的兩部分度量。在執行的度量，我們先通過輸入所需資源（如財務和人力資源），完成活動，然後通過對輸入的管理直接實現項目團隊承諾產生的結果。最終，達到項目預期的直接效益，有助於實現更長期、更廣泛的目標。這也是最後變化的度量。

我們也曾採用 BACKS 模型來測量執行的變化和影響，即「行為 — 態度 — 條件 — 知識 — 滿意度」五者的互相滲透，以此檢驗我們的工作，推進我們的發展。以賽馬會「樂天心澄」靜觀校園文化行動為例，「行為」即接受過正念訓練的從業者中有 85% 會運用所獲得的知識和技能來增強學生的情緒管理能力；「態度」即 85% 參加過正念訓練的從業者有信心幫助他們的學生更加專注；「條件」即 85% 接受過正念訓練的從業者與學生的關係更好；「知識」即 85% 接受過正念訓練的從業者知道如何幫助學生調節情緒和應對壓力；「滿意度」即 85% 的從業者對該計劃表示滿意。

「同理心」校園文化：讓學生「感」於「講」出自己的感受需要

JUST FEEL 感講團隊

回憶以往成長經歷，我們是從何學習了解自己、同理他人、與人溝通、化解衝突呢？如果學生能夠從小學習表達感受和需要，社會的未來會有甚麼不同？

想像你是一位老師。有一天你走進課室，看到一個睡眼惺忪的學生，上課時並不專注。你請她留心上課，她便開始破壞課堂秩序，騷擾其他同學，並與同學發生爭執。我們當刻看到的，或許是一個有行為問題的學生。若果我們在這個時候能多問一句，多聽學生的心聲，我們會知道，原來她因為昨晚被家人責罵而情緒低落，不懂得如何表達感受，也不敢去表達，所以才導致有這樣「異常」行為。她感到孤單，渴望被理解，卻覺得被老師和同學「拒絕」，缺乏心智理論能力、社交技能的她，最後造成更多的人際關係問題。

你看到的，是學生的問題，還是學生的需要？

學校作為一個重要的教學場所和社會縮影，我們希望建立怎樣的校園文化？面對以上叩問，「JUST FEEL 感講」（下稱感講）以轉化學校和家庭的溝通文化為願景，培育下

一代「敢」於講出自己的「感」受。自 2018 年開始，「感講夥伴學校計劃」透過三年的夥伴合作，與學校一起共創同理心文化，讓每個學生的身心靈能夠健康和全面地發展。

1. 理念

1.1 預防性介入

不難想像，當一位學生出現情緒或行為問題，老師往往需要花費大量時間和精力處理狀況。如果等到學生遇到嚴重困難時才發現並介入，所花費資源和時間必然更長。更甚，一位老師面對 30 多位學生，當有需要的學生愈來愈多、問題愈來愈頻密，老師更會忙不過來，筋疲力盡。相反，若學生從小培養表達感受需要的習慣，建立正面人際關係，每當他們面對逆境，便能夠以更強大的心臟照顧自己，發揮「免疫力」的作用。「預防為先」源於「三層介入模式」(Tiered Intervention Model)，預防勝於治療，把精力集中於系統性預防上，才是治本的方法，使整個介入模式進入正向循環，長遠減少學生的情緒及行為問題。疫情下的復課天，我們與佛教慈敬學校一同舉辦了「先處理心情」的「感講復課日」。學生在「感講『心』林」裏分享感受，慶祝和哀悼 [1] 停課以來的高低起伏。當中有一位同學盯着「家人」

1　根據善意溝通理論，我們每一句說話或行動都在慶祝或哀悼，例如當我們睡覺時說「好舒服呀！」，就在慶祝滿足了「休息」的需要；又例如我們與人爭執時流淚，就可能是哀悼未能滿足「和諧」的需要。

樹，苦笑着説：「媽咪總是工作到很晚。」然後貼上「孤單」的貼紙。「我猜你很想念她，渴望她的陪伴，對嗎？」她眼內的一滴淚珠，悄悄地流了下來。當刻的傾聽陪伴，不但接納了她的負面感受，也讓老師和家長了解她的需要。這些大樹溫柔地擁抱著學生的感受，留住了他們的喜怒哀樂，使這些心聲能夠被看見、被聽見。老師在課堂開始前，就能夠掌握學生的整體狀態與個別需要，適時介入有需要的學生，避免問題惡化。

學生在復課日的
「感講『心』林」
裏分享感受

1.2 在地化

放眼世界，美國、英國、澳洲、台灣等地方相繼推行社交情緒教育。感講從三年前到美國學校考察，吸收當地經驗，並思考如何於香港在地化（localise）實踐。所有的學習都在特定的社會背景和文化脈絡下發生，因此我們不能夠複製單一模式推行社交情緒教育（Bronfenbrenner &

Morris, 2006）。在華夏文化社會中，如何傳承中華文化的精神價值，成為「在地化」的重要問題。儒家思想重視德性培育，探討生命的學問，「仁」是我們的生命之本。所謂「惻隱之心，人皆有之」，儒家中的「仁愛」與社交情緒教育中的「自我同理」、「同理他人」有異曲同工之妙，正是推己及人的同情共感。「義命分立」中的「義」所指的也正是「為自己負責任」，人如何在命運的有限性中，應盡責任和道義。關於群體中人如何共同生活，攝「禮」歸仁讓我們懂得透過具體行為表達敬重與關愛，並在面對差異中學習和而不同，互相尊重。除此之外，香港每所學校的歷史、背景和發展都不盡相同。因此，我們依從「循證實踐」，包括（1）找出計劃是否及為何起作用的研究證據；（2）建立有助於理解學校的獨特狀況和需要的系統知識；及（3）了解每間學校的文化、價值觀、結構和風險，從而決定如何在某學校促進同理心校園文化的方法和步驟。「感講夥伴學校計劃」自推行以來，我們一直與夥伴學校保持深入和持續的交流，收集成功及失敗的經驗回饋，共同調整計劃元素、課程內容、工作坊主題、工具設計等，回應學生、老師、家長在地的需要。香港學校課程時間緊張，教師教務及行政工作繁重，許多家長亦要為生計而奔波。感講一直嘗試以更有效的新方法替代舊有做法，而非只是新增內容，避免加重學生、教師及家長的負擔。過程中，我們致力提煉有效框架，為每所學校的校本需要制訂合適方法，亦供其他學校參考運用。

1.3 全校參與模式

若學生是一株幼苗，那麼老師、家長就是他們的養分，而校園和家庭文化就是培育他們成長的泥土。我們渴望幼苗能夠茁壯成長，並不能夠揠苗助長，而是依靠充足的養分和健康的泥土滋養幼苗。照顧者的言傳身教，往往才是影響學生的身心靈健康的最大因素。因此，我們不能夠單從學生一方介入，而是全校參與模式（Whole School Approach），從系統及文化上作出改變。這必須要有教師（包括領導層及前線教師）、家長及學生的共同參與才可以實現。

故事分享：善意溝通家長日

不知道各位對「家長日」的印象是怎麼樣呢？學生分享面對家長日感受是「好驚」，因為「阿媽阿爸又要話我一餐」。的確，不少「見家長」都是老師和家長一起指出學生的問題，加以批評，卻沒有提供空間予學生表達自己的感受需要，讓彼此失去連結。若我們重新想像「家長日」，可以作出甚麼改變？

家長在「善意溝通家長日」的「感受分享站」察覺、表達感受，以身作則，引導子女仿效

　　今年，我們與基督教聖約教會堅樂第二小學一同了合辦「善意溝通家長日」，希望在短短的 15 分鐘對話中，為家長、學生、老師營造一個更平等、真誠和安全的空間連結彼此。當天，家長和學生首先進入「親子預備室」，在對話前重溫善意溝通，例如避免說出容易引起衝突、讓人受傷的「4D 語言」，並在進入課室前達成平等對話的協議。三方各有一致的發言時間，老師在對話中亦擔當重要的協調角色，在起首解釋規則，為分享一方作出如何「好好表達」的示範，也提醒聆聽的一方不打斷、專注聆聽。當中，一個學生在表達不久便開始啜泣，然後說：「我未試過講咁耐，爸爸都無打斷我、鬧我……」她的爸爸也聽得呆了。原來在此之前，他並沒有察覺自己習慣打斷女兒的說話，令女兒非常難堪。往後，爸爸也承諾以「善意溝通」跟女兒好好溝通。

全方位合作：支援、建立、連結

「善意溝通家長日」帶來的一點點改變，並不是一蹴可幾，而是在全校參與模式下，一點一滴、深耕細作的成果。背後，我們一直以「支援、建立及連結」與學校深入合作，連結師生、親子關係並推動家校合作，邁向同理心校園文化。

學生面對情緒困擾，往往欠缺表達「語言」，家長和老師同樣欠缺「工具」的支援來了解學生需要。巴雷特（Barrett）在概念行為理論（Conceptual Act Theory）中提出情感語言（emotional language）的重要性。把感受概念化，建立感受的詞彙，不但能夠提升學生的自我意識，也能夠成為連結、與照顧者有效溝通的橋樑。圖像化的工具，是輔助學生表達的「語言」。我們因此設計了不同的學習工具，為學校提供符合校本需要的配套支援。由最初的「感受需要卡」、「感講日記」，到「感受溫度計」，以不同的「語言」讓學生把感受畫出來、寫出來、講出來，照顧學生的表達差異。有一位爸爸曾跟我們分享，自己和女兒一向較內向，不擅於表達感受。平日的溝通都是一句起，兩句止。「今天幾好嗎？」「Okay 啦。」對話便終止了。爸爸渴望更了解女兒的感受，卻不知道如何溝通。後來他嘗試每天跟女兒一同使用「感講日記」，互相分享感受。有次在日記上，爸爸看到女兒表達在派發測驗後對成績不滿意，更擔心爸爸感到失望。後來，爸爸讓女兒知道自己並沒有生氣或失望，

明白她已經盡力溫習，給予女兒肯定。家長和子女把平日「講」不出口的感受寫了出來，在文字的溫度中增進了彼此的感情。校園內佈置「感受溫度計」、「如何交朋友」、「好好表達」的海報設計，讓師生融入同理心校園氛圍裏，在日常忙碌的學業和生活壓力中，仍記得覺察和照顧自己的感受和需要。

工具支援配套：
感講日記、海
報、感受溫度計

培養表達感受需要的習慣並非一朝一夕，而是透過持續的練習和實踐，才能夠把外在的知識內化和應用。除了配套上的支援，我們也十分重視建立學生、老師和家長在溝通上的態度、知識、技能及習慣。相比一次性活動，我們與夥伴學校把「社交情緒教育」課成為常規課程的一部分，讓學生從小學習如何表達感受需要。當中，我們亦為老師和家長提供系統性的培訓。從入門級的「基礎工作坊」了解自己的溝通習慣，到深造的「進階共學小組」經歷自我轉化過程，老師和家長也能夠一步一步，更自信和有技巧地與學生建立關係。在「善意溝通家長日」前，我們提供了工作坊，分別讓老師、家長、學生重溫善意溝通的技巧。不止是學生，當家長和老師在事前好好消化自己的感受，從批評、指責的聲音中找出背後真正想表達的關心，三方才能夠在家長日當天互相理解，好好表達。

　　人的轉化往往來自充分的安全感和「連結」，校園文化的改變亦然。學生除了不「懂」表達，有時候更是不「敢」表達，原因是關係當中欠缺足夠的信任、安全感和歸屬感。感講因此重視經營師生、親子、家校之間的連結，以關係建立作為本位推動改變。學生的班級經營課、教師的共學小組、親子工作坊等，都是提升師生的歸屬感、安全感及信任，促進彼此關係的嘗試。尤其在疫情下，我們更缺少了許多人與人之間真實的交流。去年聖文德天主教小學的復課體驗活動「歷久嘗新」中，學生在復課日從新探索校園每個角落，重拾對校園的熟悉感和安全感，漸漸才能夠打開心扉，互相表達感受和需要。

同學在復課第一天，在安全的環境中，透過促導員引導、工具輔助下察覺、表達自己感受

聚焦目標：系統性改變

　　研究指出有效的社交情緒教育介入模式包括以下條件：制度上設立核心小組推動改變、環境營造、有效的課程規劃、系統性的研究和評估（Simpson、Peterson 和 Smith 2011）。德信學校成為感講夥伴學校的第二年，我們見證着學校的核心團隊如何推動校園文化改變。核心小組由訓輔組老師和願意共同推動學校改變的老師組成。核心小組老師的持續回饋，讓我們了解學校校程、發展方向、學生、老師和家長的在地需要，與我們肩並肩共同制定長遠策略，回應校本需要。

輔導組 x 視藝科
展覽攤位：同學
於遊戲中學習不
同感受詞彙，在
認知層面上有所
增益

　　核心小組裏的何老師是位視藝科主任。她在參加「教
師共學小組」後，渴望給予學生更多表達感受的練習機會。
她主動提出把社交情緒教育的學習內容融入視藝科課程，
並邀請感講團隊作輔助支援。後來，何老師更邀請輔導組
合作，在小息時間舉行展覽攤位，讓學生分享作品，營造
整體校園氛圍，鼓勵學生持續練習「善意溝通」。德信學校
的老師是「教師共學小組」的忠實支持者，每次的報名人數
總會「爆棚」。後來得知，原來核心團隊定期都在學校舉辦
內部分享會，讓「深造」老師帶領着新老師分享學習「善意
溝通」的歷程，凝聚教師團隊文化並互相分享教學困難和需
要。有一次老師反映他們未能掌握如何透過工具與學生溝
通，於是核心小組老師與我們一起策劃了「感受需要卡工具
運用」工作坊，讓老師更自信運用工具與學生好好連結。

教師在共學小組，於大家都感到安全、有信任的空間中，練習「真誠表達」和「同理傾聽」

　　推動系統性的改變，亦包括在訓輔制度上推動以「修復式正義」（Restorative Justice）代替「應報式正義」（Retributive Justice）。應報式正義在短期內能有效規範學生行為，但長遠學生學會「陽奉陰違」後，不但拉遠師生關係、減少信任和安全感，學生更不會真切了解問題所在。相反，在修復式正義的原則下，學校處理學生犯錯時，會先處理心情，連結學生的感受，讓學生感到被接納，繼而探討行為背後的需要，循循引導以其他策略滿足需要。長遠學生才能建立內在動機，學會為自己負責任。為了推動全校參與，鼓勵老師、家長、學生更加重視價值觀教育，學校更決定在學生的成績表項目上加上「價值觀教育」，鼓勵各人給予與學業成績同等的重視。

2. 核心理論

　　了解自己、與人溝通是如何「學」的呢？學生懂得表達感受和需要，家長和老師懂得如何跟學生溝通，背後都需要有系統的學習框架和心法。發展至今，感講以兩個核心

理論作為學生課程、家長工作坊、教師培訓的理論基礎，它們分別是「社交情緒教育」及「善意溝通」。

2.1 社交情緒教育（Social Emotional Learning）

社交和情緒教育（Social Emotional Learning）是一個關於如何促進學生身心靈及社交健康的學習框架，讓學生學習並掌握必要的知識、技能和態度，從而能夠認識和掌握自己的情緒，有效地解決問題，並與他人建立起積極的人際關係，當中圍繞五大能力面向：包括「自我覺察」(self-awareness)、「自我管理」(self-management)、「社交認知」(social awareness)、「人際關係」(relationship skills) 及「負責任決定」(responsible decision making)。社交情緒教育是一套清晰整全的學習階梯，讓學生能夠循序漸進地掌握當中學習目標。

從社會認知發展理論看，學生的心智發展隨年齡成長，相應的社交能力也有不同的發展階段。以薛爾曼（R. Selman）提出的角色取替（role taking）為例，6-8 歲的學生開始能夠了解別人的觀點與自己不同，但主要以自己的角度來推估別人的觀點。到 10-12 歲，他們能更客觀地以第三者的認知角度了解和比較彼此不同的想法。因此，當我們設計課程時，低年級的學生先從「自我覺察」和「自我管理」學習，了解個人感受，並在不同情況下適當及有效地表達自己。到了中年級，學生逐漸學習「社交認知」、「人際關

係」，了解和同理他人的感受和觀點，並在社群中建立相互支持的關係。高年級則會較重「負責任決定」，讓學生在各種情況下對個人行為和社交互動作出負責任的選擇。

除了有效的學習階梯，有趣的教學模式（pedagogy）也是計劃特色之一。培養學習同理共感的能力，並不能依靠言論說教的抽象觀念傳遞知識。在學生的「社交情緒教育」課程中，我們設計了魔法校園故事系列，以魔法世界觀連貫「善意溝通」製作成動畫短片，讓學生投入故事中不同角色面對的挑戰、經歷，反思日常生活的處境，並透過課後的「小任務」實踐所學。有位老師分享說，學生對故事人物的經歷特別深刻，並記得要定期「收拾東西」，否則重要的物件都會像故事情節般「通通不見」了。學生亦透過體驗式學習（experimential learning），在「班級經營」和其他體驗活動中，親身經歷與同學配合溝通、分工合作的過程，學會互相表達感受和需要，反思自己的溝通習慣，從而更了解自己，並培養對同儕的同理心。

2.2 善意溝通（Compassionate Communication）

有清晰的學習目標，也需要具體的學習「心法」，學生才能夠一步步掌握社交情緒技能。「善意溝通」是由人本心理學家 Marshall Rosenberg 提出，是建立同理心、連結彼此、建立關係的具體心法。當中包含四個步驟，「觀察」、「感受」、「需要」及「請求」。「觀察」是客觀地說出人們所做的事情，清楚地表達觀察結果，而不判斷或評估；「感受」

是指把自己的感受溫和的說出來，幫助對方同理自己；「需要」是指直接說出自己的需求是什麼，而非只是提出批評或策略；「請求」是指考慮雙方的需要，提出明確、具體的請求。「善意溝通」透過步驟明確、簡單易明的溝通心法，讓每個人更有效地表達及理解彼此感受和需要，促進個人身心靈健康及人際關係。

不少家長在家長工作坊時，向我們反映子女經常「打機」，並因此感到非常懊惱和擔心。他們向我們求助：「怎樣才可以令孩子少玩一些電子遊戲呢？」後來，當家長學習善意溝通後，回家邀請孩子透過「感受需要卡」對話，首先以準確的觀察指出孩子玩遊戲機的頻率，也表達作為媽媽「擔憂」的感受。當孩子表達感受時，他選了「興奮」和「生氣」，因為每次玩遊戲機的時候都感到很興奮，卻會被家人打斷。表達「需要」時，孩子選了「友誼」和「成就感」。家長感到驚訝，亦開始反思，是否自己工作太忙碌，沒有給予足夠時間陪伴孩子，也甚少關心孩子的需要呢？善意溝通強調「先處理心情，再處理事情」(connection before solution)。我們很多時候習慣先處理和解決問題，卻忽略了彼此的感受和需要。家長反映原來找到連結，解決方法便會很快出現。問題不在於處理事情，而是過程中能否先關顧彼此的關係。

走到第四個年頭，我們看到不論是老師、家長還是學生都在不同的階段，透過認知、練習、內化和持續實踐，做到善意溝通。「感受」和「需要」是人與人之間的共通語

言，讓我們都能夠好好練習表達和聆聽彼此的愛，好好連結彼此。

結語

由 2018 年成立起，承蒙各界人士的信任和支持，感講才能走到今天。至今，我們已與 15 所香港小學建立夥伴學校關係，並一直推陳出新，力求進步。「感講夥伴學校計劃」亦由最初的一年計劃，發展至今的三年的夥伴合作。計劃亦呼應教育局於 2021 年底推出的《價值觀教育課程架構》（試行版），鼓勵並支援學校貫通各學科和課程範疇，並協同各持份者（包括各教職員、家長、校友等）推動價值觀教育。作為播種者，我們希望從意識建立、知識深化、到文化傳承，在計劃完結後，仍然與學校成為長遠的夥伴，讓同理心校園文化遍地開花，助學生以積極的態度面對在學業、生活和成長中遇到的機遇和挑戰。

願每個人都懂得同理自己、同理彼此，「先處理心情，再處理事情」。

藉此機會，亦希望可以表達我們對 Teach For Hong Kong 良師香港創辦人陳君洋先生、聖文德天主教小學時任校長張偉菁女士、時任訓輔主任李國釗先生，以及善意溝通修復協會創辦人鄭若瑟精神科醫師及機構核心夥伴陳廷驊基金會的感激、感謝夥伴學校計劃資助基金會施永青基金、香港童創教育慈善基金、香港南區扶輪社、香港會、捷成集團慈善基金、葉氏家族慈善基金、維多利亞崇德社和凱瑟克基金，以及 2021 － 22 學年感謝夥伴學校的感激（如下）。

Partner
Schools 21-22

- 十八鄉鄉事委員會公益社小學
- 中華傳道會許大同學校
- 元朗公立中學校友會小學
- 佛教慈敬學校
- 東莞學校（上水）
- 明愛培立學校
- 香港中文大學校友會聯會張煊昌學校
- 真鐸學校

- 基督教聖約教會堅樂第二小學
- 聖文德天主教小學
- 聖公會主風小學
- 道教青松小學
- 路德會沙崙學校
- 嘉諾撒聖瑪利學校
- 德信學校

參考書目

Barrett, L. F., Wilson-Mendenhall, C. D., & Barsalou, L. W. (2015). *The conceptual act theory: A roadmap.* L. F. Barrett & J. A. Russell (Eds.), The psychological construction of emotion (pp. 83–110). The Guilford Press.

Bronfenbrenner, U., & Morris, P. A. (2006). *The bioecological model of human development.* W. Damon & R. M. Lerner (Eds.), Handbook of child psychology: Vol. 1. Theoretical models of human development (6th ed., pp. 793-828). Hoboken, NJ: Wiley.

Simpson, R. L., Peterson, R. L., & Smith, C. R. (2010). *Critical educational program components for students with emotional and behavioural disorders: Science,* policy, and Practice. Remedial and Special Education, 32 (3), 230–242. https://doi.org/10.1177/0741932510361269

Selman, R. L., Beardslee, W., Schultz, L.H., Krupa, M., & Podorefsky, D. (1986).

Assessing adolescent interpersonal negotiation strategies: Toward the integration of structural and functional models. Developmental Psychology, 22, 450-459

牟宗三（1970），《生命的學問》，台北：三民書局

陳怡成、鄭若瑟、謝慧游合著，《校園法治教育的新思維：修復式正義》，台中：台中律師公會

馬歇爾・盧森堡著，蕭寶森譯，《非暴力溝通：愛的語言》，台北：光啟文化

香港政府教育局（2021）《價值觀教育課程架構》（試行版）